KB063157

13일 완성
입문 일본어 회화

김화영·김종완 지음

어문학사

13일 ➡ 완성
입문 일본어 회화

김화영 · 김종완 지음

こんにちは

こんにちは

어문학사

인사말

우리는 어떻게 하면 일본어를 빨리 말할 수 있을까요?

이것이 선행되기 위해서는 무엇보다도 듣기가 되어야 한다는 점입니다. 듣기를 못하는데 어찌 말할 수 있을까요? 또한 듣기를 위해서는 단어의 의미를 알고 있어야 합니다. 단어의 의미를 모르면 언어도 소음에 지나지 않습니다. 이러한 '말하기 학습'의 순환구조를 잘 이해하여 보다 효과적인 일본어 말하기 학습에 유용한 책을 집필하고 싶었습니다.

이 책은 다음과 같은 내용으로 구성되어 있습니다.

첫 번째 단어 학습하기. 단어의 의미를 꼼꼼하게 익히기.

두 번째 찾아서 쓰기. 한국어 문장을 인터넷 사전을 이용하여 일본어 문장으로 찾아서 쓰기.

세 번째 일본어로 말하기. 일본어 문장을 듣고 자신이 쓴 일본어가 맞는지 확인한 후 일본어로 무작정 반복해서 말하기.

네 번째 한자 쓰기. 기본 한자 습득을 위한 한자 익히기.

다섯 번째 일본어로 쓰기. 한 단원을 정리하며 중요한 문장을 다시 한번 일본어로 말하며 쓰기.

이 책을 통해 매회 스스로 찾고, 듣고 말하기를 반복하다 보면 어느 날 유창하게 일본어를 말하는 즐거움을 아시게 될 것입니다.

목차

시작
하기

일본어의 문자

1.일본어 표기

 일본어는 한자(漢字)와 한자에서 만들어진 가나문자(かな文字)로 표기한다. 가나문자는 한자로부터 파생되어 〈安〉 → 〈あ〉, 〈宇〉 → 〈う〉처럼 극도로 간략하게 만들었다. 가나에는 '히라가나(ひらがな)'와 '가타카나(かたかな)'가 있다. 외래어나 의성어는 가타카나로, 조사는 히라가나로 표기하며 그 외에는 히라가나와 한자로 표기한다. 기호는 쉼표(、)와 마침표(。)를 사용한다.

1)한자(漢字)

　① 음독(音読)

　: 한자를 중국에서 전해진 그대로 발음하는 방식.

　예시) 中心(ちゅうしん : 중심)

　② 훈독(訓読)

　: 한자를 고유어의 음으로 읽는 방식.

　예시) 心(こころ : 마음)

2)가나(仮名)

　① 히라가나(平仮名:ひらがな)

　: 고유어 등의 일반적인 일본어 표기에 사용.

　② 가타카나(片仮名:カタカナ)

　: 외래어나 문자 강조 등의 일본어 표기에 사용.

2. 오십음도(五十音図)

 오십음도는 일본어의 음을 자음(子音)과 모음(母音)의 관계 속에서 규칙적으로 배열한 기본 음절표이다. 배열된 문자에서 같거나 유사한 자음 또는 성격이 같은 모음을 세로(행)와 가로(단)로 배열하였다. 오십음도는 50음이어야 하지만 유사 모음의 합류 등으로 현재는 45음이다.
 일본어 문자는 오십음도가 기본이지만, 그 외에도 '탁음', '요음', '촉음(っ)', '발음(ん)'이 있으며, 가타카나에서는 장음 부호(ー)도 하나의 문자로 취급한다.

행(行)

 같은 자음(子音)이나 성격이 같은 모음(母音)의 나열을 행이라 한다. 행에는 청음(清音) 'あ·か·さ·た·な·は·ま·や·ら·わ'행(10개)과 탁음(濁音) 'か·さ·た·は'행(4개), 반탁음(半濁音) 'ぱ'행(1개), 총 15개의 행이 있다.

단(段)

 모음(母音)이 같은 글자들의 모음을 단이라고 하며, 'あ·い·う·え·お'단으로 총 5개의 단이 있다.

히라가나(ひらがな)

	あ단	い단	う단	え단	お단
あ행	あ	い	う	え	お
か행	か	き	く	け	こ
さ행	さ	し	す	せ	そ
た행	た	ち	つ	て	と
な행	な	に	ぬ	ね	の
は행	は	ひ	ふ	へ	ほ
ま행	ま	み	む	め	も
や행	や		ゆ		よ
ら행	ら	り	る	れ	ろ
わ행	わ				を
	ん				

탁음(濁音)

か	が	ぎ	ぐ	げ	ご
さ	ざ	じ	ず	ぜ	ぞ
た	だ	ぢ	づ	で	ど
は	ば	び	ぶ	べ	ぼ

반탁음(半濁音)

は	ぱ	ぴ	ぷ	ぺ	ぽ

요음(拗音)

き	きゃ	きゅ	きょ
ぎ	ぎゃ	ぎゅ	ぎょ
し	しゃ	しゅ	しょ
じ	じゃ	じゅ	じょ
ち	ちゃ	ちゅ	ちょ
に	にゃ	にゅ	にょ
ひ	ひゃ	ひゅ	ひょ
び	びゃ	びゅ	びょ
ぴ	ぴゃ	ぴゅ	ぴょ
み	みゃ	みゅ	みょ
り	りゃ	りゅ	りょ

가타카나(カタカナ)

	ア단	イ단	ウ단	エ단	オ단
ア행	ア	イ	ウ	エ	オ
カ행	カ	キ	ク	ケ	こ
サ행	サ	シ	ス	セ	ソ
タ행	タ	チ	ツ	テ	ト
ナ행	ナ	二	ヌ	ネ	ノ
ハ행	ハ	ヒ	フ	ヘ	ホ
マ행	マ	ミ	ム	メ	モ
ヤ행	ヤ		ユ		ヨ
ラ행	ラ	リ	ル	レ	ロ
わ행	ワ				
	ン				

탁음(濁音)

カ	ガ	ギ	グ	ゲ	ご
サ	ザ	ジ	ズ	ゼ	ゾ
タ	ダ	ヂ	ヅ	デ	ド
ハ	バ	ビ	ブ	ベ	ボ

반탁음(半濁音)

ハ	パ	ピ	プ	ペ	ポ

요음(拗音)

キ	キャ	キュ	キョ
ギ	ギャ	ギュ	ギョ
シ	シャ	シュ	ショ
ジ	ジャ	ジュ	ジョ
サ	サャ	サュ	サョ
ニ	ニャ	ニュ	ニョ
ハ	ハャ	ハュ	ハョ
バ	バャ	バュ	バョ
パ	パャ	パュ	パョ
ミ	ミャ	ミュ	ミョ
リ	リャ	リュ	リョ

히라가나 배우기

청음

청음(清音) : 'あ, き, て, ぼ' 등의 44음으로 뚜렷한 발음이다.

· あ행

あ행은 모음으로, '입속 기관에 방해되지 않게 흘러나오는 음'이다.

あ	い	う	え	お
[a]	[i]	[u]	[e]	[o]
安→あ→あ	以→ぃゝ→い	宇→宇→う	衣→衣→え	於→柊→お
あ	い	う	え	お

• あい 사랑   • いう 말하다   • うえ 위
• えき 역   • おおい 많다

· か행

'か(가), き(기), く(구), け(게), こ(고)'의 [k]는 혀 뒷부분이 입천장에 접근
되어 [k]와 [g]의 중간 발음으로 발화한다.

か	き	く	け	こ
[ka]	[ki]	[ku]	[ke]	[ko]
加→カっ→か	幾→犭→き	久→乆→く	計→け→け	己→己→こ
か	き	く	け	こ

- かう 사다
- きく 듣다
- くさ 풀
- けさ 오늘 아침
- こえ 목소리

・さ행

'さ(사), し(시), す(스), せ(세), そ(소)'의 [s]는 혀 앞쪽과 윗잇몸의 안쪽이 접하여 발성된다.

さ	し	す	せ	そ
[sa]	[si]	[su]	[se]	[so]
左→さ→さ	之→し→し	寸→す→す	世→せ→せ	曾→そ→そ
さ	し	す	せ	そ

- さけ 술
- しお 소금
- すし 초밥
- せき 자리
- そこ 거기

・た행

'た(다), ち(치), つ(쓰), て(데), と(도)'의 [t], [ts]는 혀 앞쪽이 윗잇몸의 뒤쪽에 붙어 있다가 떨어지면서 발성되고, 'つ'는 혀끝을 잇몸에 대고 [t]와 [s]을 동시에 내는 음으로 it's 소리와 비슷하다.

た	ち	つ	て	と
[ta]	[chi]	[tsu]	[te]	[to]
太→た→た	知→ち→ち	川→つ→つ	天→て→て	止→と→と
た	ち	つ	て	と

・たこ 문어	・ちかてつ 지하철	・つくえ 책상
・てつ 철	・とき 때	

・な행

'な(나), に(니), ぬ(누), ね(네), の(노)'의 [n]은 잇몸의 안쪽 부분과 혀끝이 부딪혀서 만들어진다.

な	に	ぬ	ね	の
[na]	[ni]	[nu]	[ne]	[no]
奈→奈→な	仁→仁→に	奴→ぬ→ぬ	祢→祢→ね	乃→乃→の
な	に	ぬ	ね	の

- なつ 여름
- にく 고기
- ぬく 빼다
- ねこ 고양이
- のち 나중

・は행

'は(하), ひ(히), ふ(후), へ(혜), ほ(호)'의 [h]는 목에서 발화되며, 'ふ'는 상하 입술의 좁은 틈에서 숨과 소리가 강하게 통과할 때 발성된다.

は	ひ	ふ	へ	ほ
[ha]	[hi]	[hu]	[he]	[ho]
波→は→は	比→比→ひ	不→ふ→ふ	部→へ→へ	保→ほ→ほ
は	ひ	ふ	へ	ほ

- はこ 상자
- ひと 사람
- ふく 옷
- へそ 배꼽
- ほし 별

·ま행

'ま(마), み(미), む(무), め(메), も(모)'의 [m]은 상하 입술을 가볍게 닫고,
코에서 소리가 나는 듯이 발성된다.

ま	み	む	め	も
[ma]	[mi]	[mu]	[me]	[mo]
末→ま→ま	美→み→み	武→む→む	女→め→め	毛→も→も
ま	み	む	め	も

- まえ 앞
- みそ 된장
- むし 벌레
- めし 밥
- もつ 들다

• や행

우리말 '야, 유, 요'처럼 발음하며 'ゆ(유), よ(요)'를 발음할 때는 입술을 너무 앞으로 내밀지 않도록 주의한다.

や		ゆ		よ	
[ya]		[yu]		[yo]	
也→や→や		由→ゆ→ゆ		与→ゟ→よ	
や		ゆ		よ	

• やく 굽다   • ゆき 눈   • よこ 가로

・ら행

'ら(라), り(리), る(루), れ(레), ろ(로)'의 [r]은 혀끝이 윗잇몸 안쪽을 가볍게 쳐서 발성된다.

ら	り	る	れ	ろ
[ra]	[ri]	[ru]	[re]	[ro]
良→ら→ら	利→利→り	留→る→る	礼→礼→れ	呂→ろ→ろ
ら	り	る	れ	ろ

- らく 편안함
- りす 다람쥐
- るす 부재
- れきし 역사
- ろうか 복도

· わ행

한국어 '와, 오'와 유사한 음이며 'を(오)'를 소리낼 때 입술을 둥글게 앞으로 내밀지 않는다. 'ん'은 뒷글자에 의해 정해지는 발음으로 [ŋ], [n], [m] 등의 여러 음가를 가지고 있다.

わ		を		ん	
[wa]		[o]		[n]	
和→わ→わ		遠→を→を		无→え→ん	
わ		を		ん	

· わいろ 뇌물　　· ふくをかう 옷을 사다　　· みかん 귤

ひらがな 청음 쓰기

watasi 나, 저			
anata 당신			
kare 그			
namae 이름			
ane 언니/ 누이			
Ie 집			
susi 초밥			
kuruma 자동차			
chikatetu 지하철			
asita 내일			
nani 무엇			
honya 서점			

2

히라가나 배우기
탁음, 요음, 촉음, 발음

탁음(濁音) : 탁음은 か행, さ행, た행, は행의 오른쪽 위에 탁점(˚)을 찍은 が행, ざ행, だ행, ば행의 음을 말한다.

· が행

が행은 [ga/gi/gu/ge/go]의 발음과 유사한 것으로, [가/기/구/게/고] 를 약하게 한 발음에 가깝다.

が	ぎ	ぐ	げ	ご
[ga]	[gi]	[gu]	[ge]	[go]
が	ぎ	ぐ	げ	ご

- がら 몸집　　　　· ぎむ 의무　　　　· ぐち 푸념
- げた 나막신　　　· ごみ 쓰레기

・ざ행

한국어에 없는 음으로, 'ざ, じ, ず, ぜ, ぞ'의 [z]는 [s]와 같은 작용으로 만들지만, 성대가 진동하며 소리를 낸다. 'じゃ(쟈), じゅ(쥬), じょ(죠)'로 발음하지 않도록 주의한다.

ざ	じ	ず	ぜ	ぞ
[za]	[zi]	[zu]	[ze]	[zo]
ざ	じ	ず	ぜ	ぞ

- ざる 소쿠리
- じかん 시간
- ずるい 교활하다
- ぜんご 전후
- ぞうに 떡국

·だ행

'た, て, と'를 발음할 때의 혀 위치와 같은데 성대를 울리며 발음한다.
'ぢ, づ'는 'じ, ず'의 발음과 동일하다.

だ	ぢ	づ	で	ど
[da]	[zi]	[zu]	[de]	[do]
だ	ぢ	づ	で	ど

- だんご 경단
- ちぢみ 오그라듦
- つづく 계속하다
- でんき 전기
- どかた 막일꾼

· ば행

우리말 어두에 오는 '바람'의 '바'가 아니라, '단비, 여보'의 'ㅂ'처럼 발음하면 된다. 'ぶ'는 '부'와 '브'의 중간음으로 입술을 앞으로 둥글게 내밀지 않도록 한다.

ば	び	ぶ	べ	ぼ
[ba]	[bi]	[bu]	[be]	[bo]
ば	び	ぶ	べ	ぼ

- ばら 장미
- びじん 미인
- ぶぶん 부분
- べんとう 도시락
- ぼうし 모자

반탁음(半濁音) : 반탁음은 は행에 반탁점(˚)을 찍은 ぱ행을 말한다.

· ぱ행

한국어 '표'에 가깝게 발음하며, 어중에서는 'ㅃ'에 가깝게 발음한다.
ぷ [puɯ]는 입술을 앞으로 둥글게 내밀지 않도록 한다.

ぱ	ぴ	ぷ	ぺ	ぽ
[pa]	[pi]	[pu]	[pe]	[po]
ぱ	ぴ	ぷ	ぺ	ぽ

- ぱちぱち 깜박깜박
- ぴかぴか 뻔쩍뻔쩍
- ぷくぷく 보글보글
- もんぺ 여성용바지
- たんぽぽ 민들레

요음(拗音)

: 'い단(き, し, ち, に, ひ, み, り, ぎ, じ, ぢ, び, ぴ)'의 오른쪽 아래에 작은 글자로 'ゃ' 'ゅ' 'ょ'를 붙여서 きゃ, きゅ, きょ 등과 같이 쓰고, 1박으로 발음한다.

き	きゃ[kya]	• きゃく 손님
	きゅ[kyu]	• きゅうか 휴가
	きょ[kyo]	• きょり 거리

ぎ	ぎゃ[gya]	• ぎゃく 거꾸로
	ぎゅ[gyu]	• ぎゅうにく 쇠고기
	ぎょ[gyo]	• ぎょうじ 행사

し	しゃ[sya]	• しゃしん 사진
	しゅ[syu]	• しゅみ 취미
	しょ[syo]	• しょり 처리

じ	じゃ[zya]	• じゃま 방해
	じゅ[zyu]	• じゅんばん 차례
	じょ[zyo]	• じょうけん 조건

ち	ちゃ[cha]	• ちゃいろ 갈색
	ちゅ[chu]	• ちゅうしゃ 주사
	ちょ[cho]	• ちょめい 저명

	にゃ [nya]	• こんにゃく 곤약
に	にゅ [nyu]	• にゅうがく 입학
	にょ [nyo]	• にょうぼう 마누라

	ひゃ [hya]	• ひゃく 백(100)
ひ	ひゅ [hyu]	• ヒューマン 인간적
	ひょ [hyo]	• ひょうげん 표현

	びゃ [bya]	• さんびゃく 삼백(300)
び	びゅ [byu]	• びゅうせつ 그릇된 (학)설.
	びょ [byo]	• びょういん 병원

	ぴゃ [pya]	• はっぴゃく 팔백(800)
ぴ	ぴゅ [pyu]	• ぴゅうぴゅう 씽씽/쌩쌩
	ぴょ [pyo]	• ぴょんぴょん 깡총깡총

	みゃ [mya]	• みゃくらく 맥락
み	みゅ [myu]	• ミュージック 음악
	みょ [myo]	• みょうじ 성씨

	りゃ [rya]	• りゃくじ 약자
り	りゅ [ryu]	• りゅうこう 유행
	りょ [ryo]	• りょうり 요리

촉음(促音)

: 촉음은 'っ'를 작게 하여 가나의 오른쪽 밑에 붙여 사용하는 글자이다. 촉음은 뒷글자의 자음 요소에 의해 정해지는 발음으로 [p], [t], [k] 등의 여러 음가를 가지고 있는 음이다.

한글의 받침은 그 자체를 한 단위의 길이로 생각하는 경우가 없지만, 일본어의 촉음은 이를 한 단위의 길이로 간주한다. 일본어는 촉음을 발음할 때, 촉음은 한 박자 쉬듯 길게 발음해야 한다.

か행 앞에서는 [k]로 발음된다.

- いっき 일기
- しっけ 습기
- こっか 국가
- いっこ 한 개

さ행 앞에서는 [s]나 [ʃ]로 발음된다.

- ざっし 잡지
- いっそ 차라리
- いっさい 모두
- しゅっせ 출세

た행 앞에서는 [t]로 발음된다.

- いったい 대체
- まっちゃ 말차
- きって 우표
- よっつ 넷

ば행 앞에서는 [p]로 발음된다.

- きっぷ 표
- ざっぴ 잡비
- いっぱい 가득
- しっぽ 꼬리

발음(撥音)

: 일본어의 발음(撥音 : ん)은 한글의 받침과 비슷한 것 같아도 발음하는 방법이 전혀 다르다. 발음(ん)은 뒤에 오는 음에 따라 [m, n, ŋ, N]으로 발음된다. 또한 이어지는 글자와의 관계 속에서 한 박자 쉬듯 길게 발음한다.

발음(撥音)으로 끝나는 단어라도, 뒤에 조사 등이 이어질 때는 그 조사의 음에 따라 발음이 변화하므로 주의해야 한다.

ま행, ば행, ぱ행 앞에서는 [m]로 발음된다.

- さんま 꽁치
- しんぶん 신문
- うんめい 운명
- かんぱい 건배

ざ행, た행, だ행, な행, ら행 앞에서는 [n]로 발음된다.

- あんない 안내
- べんり 편리
- はんたい 반대
- まんなか 한가운데

か행, が행 앞에서는 [ŋ]로 발음된다.

- かんこく 한국
- おんがく 음악
- りんご 사과
- げんき 기력

모음, さ행, は행, や행, わ행 앞에서 또는 단어 끝에 올 때 비음[N] 또는 비모음으로 발음된다.

- ほん 책
- はんい 범위
- でんわ 전화
- れんあい 연애

장음(長音)

: 장모음을 말한다. 즉, 두 개의 같은 모음이 연속되었을 때, 이 두 모음을 각각 발음하는 것이 아니고, 2박자에 걸쳐 길게 발음한다. 가타카나의 경우는 장음을 부호(ー)로 표기한다.

あ단 뒤에 'あ'가 올 때(a단+a → [aː])

- おばあさん 할머니
- おかあさん 어머니
- おばさん 아주머니

い단 뒤에 'い'가 올 때(i단+i → [iː])

- おじいさん 할아버지
- おにいさん 형/오빠
- おじさん 아저씨

う단 뒤에 'う'가 올 때(u단+u → [uː])

- ゆうき 용기
- くうき 공기
- ゆき 눈
- くぎ 못

え단 뒤에 'え'가 올 때(e단+e → [eː])
え단 뒤에 'い'가 올 때(e단+i → [eː])

- おねえさん 누나/언니
- せんせい 선생
- えいが 영화
- けいたい 휴대폰

お단 뒤에 'お'가 올 때(o단+o → [oː])
お단 뒤에 'う'가 올 때(o단+u → [oː])

- おおい 많다
- くうこう 공항
- とおい 멀다
- とうきょう 도쿄

ひらがな 탁음, 반탁음, 요음 쓰기

gakusei 학생			
kanozyo 그녀			
kare 그			
chuugoku 중국			
kaisya 회사			
dare 누구			
gohan 밥			
benkyou 공부			
kyou 오늘			
ocha 차			
ryouri 요리			
kyonen 작년			

ひらがな 촉음, 발음, 장음 쓰기

ikki 일기			
sampo 산책			
kippu 표			
zassi 잡지			
denwa 전화			
samma 꽁치			
kankoku 한국			
yuuki 용기			
toukyou 도쿄			
oosaka 오사카			
sensei 선생님			
keitai 휴대폰			

2. 일본어로 쓰기

kyonen 작년			
kaisya 회사			
zassi 잡지			
syousetsu 소설			
benkyou 공부			
samma 꽁치			
kippu 표			
kitte 수표			
toukyou 도쿄			
ocha 차			
ryouri 요리			
sensei 선생님			

3

안녕하십니까?

🔍 3-1. 찾아서 쓰기

❶ 안녕하세요.(아침)   ⇨

❷ 안녕하세요.(낮)   ⇨

❸ 안녕하세요.(저녁)   ⇨

❹ 어서오세요.   ⇨

❺ 감사합니다.   ⇨

❻ 그러면 또 만나요.   ⇨

❼ 잘 가.   ⇨

❽ 안녕히 주무세요.   ⇨

❾ 잘 먹겠습니다.   ⇨

❿ 잘 먹었습니다.   ⇨

❶ 안녕하세요.(아침)	⇨	おはようございます。
❷ 안녕하세요.(낮)	⇨	こんにちは。
❸ 안녕하세요.(저녁)	⇨	こんばんは。
❹ 어서오세요.	⇨	いらっしゃいませ。
❺ 감사합니다.	⇨	ありがとうございます。
❻ 그러면 또 만나요.	⇨	では、また。
❼ 잘 가.	⇨	じゃ、またね。
❽ 안녕히 주무세요.	⇨	おやすみなさい。
❾ 잘 먹겠습니다.	⇨	いただきます。
❿ 잘 먹었습니다.	⇨	ごちそうさまでした。

🔍 3-2. 찾아서 쓰기

❶ 다녀오세요.   ⇨

❷ 다녀오겠습니다.   ⇨

❸ 다녀왔습니다.   ⇨

❹ 미안합니다.   ⇨

❺ 실례합니다.   ⇨

❻ 오랜만이에요.   ⇨

❼ 잘 지내시죠?   ⇨

❽ 축하합니다.   ⇨

❾ 처음 뵙겠습니다.   ⇨

❿ 잘 부탁드리겠습니다. ⇨

❶ 다녀오세요. ⇨ いっていらっしゃい。

❷ 다녀오겠습니다. ⇨ いってきます。

❸ 다녀왔습니다. ⇨ ただいま。

❹ 미안합니다. ⇨ すみません。

❺ 실례합니다. ⇨ しつれいします。

❻ 오랜만이에요. ⇨ おひさしぶりです。

❼ 잘 지내시죠? ⇨ おげんきですか。

❽ 축하합니다. ⇨ おめでとうございます。

❾ 처음 뵙겠습니다. ⇨ はじめまして。

❿ 잘 부탁드리겠습니다. ⇨ よろしく おねがいします。

3. 일본어로 쓰기

❶ 안녕하세요.(아침) ⇨

❷ 감사합니다. ⇨

❸ 미안합니다. ⇨

❹ 그러면 또 만나요. ⇨

❺ 잘 먹겠습니다. ⇨

❻ 다녀오겠습니다. ⇨

❼ 잘 지내시죠? ⇨

❽ 안녕히 주무세요. ⇨

❾ 처음 뵙겠습니다. ⇨

❿ 잘 부탁드리겠습니다. ⇨

인사표현

- おはようございます。
- こんにちは。
- こんばんは。

- いらっしゃいませ。

- ありがとうございます。

- じゃ、またね。
- では、 また。

- おやすみなさい。
- おやすみ。

- いただきます。
- ごちそうさまでした。

- いっていらっしゃい。
- いってきます。

- ただ いま。

- すみません。

- しつれいします。

- おひさしぶりです。
- おげんきですか。

- おめでとうございます。

- はじめまして。

- よろしく　おねがいします。

Day 4

4

저는 이하나입니다

단어 학습하기

● わたし: 나	● がくせい: 학생
● あなた: 당신	● かんこくじん: 한국인
● かれ: 그/그 사람	● にほんじん: 일본인
● かのじょ: 그녀	● ちゅうごくじん: 중국인
● だれ: 누구	● かいしゃいん: 회사원

note

🔍 4-1. 찾아서 쓰기

---

❶ 나는
이하나입니다.   ⇨

⸱⸱

❷ 나는
학생입니다.   ⇨

⸱⸱

❸ 나는
한국인입니다.   ⇨

⸱⸱

❹ 당신은
이하나 씨입니까?   ⇨

⸱⸱

❺ 당신은
학생입니까?   ⇨

⸱⸱

❻ 당신은
한국인입니까?   ⇨

⸱⸱

❼ 그 사람은
누구입니까?   ⇨

⸱⸱

❽ 그 여자는
학생입니까?   ⇨

⸱⸱

❾ 그 여자는
일본인입니까?   ⇨

---

❶ 나는 이하나입니다.	⇨	わたしは　イハナです。
❷ 나는 학생입니다.	⇨	わたしは　がくせいです。
❸ 나는 한국인입니다.	⇨	わたしは　かんこくじんです。
❹ 당신은 이하나 씨입니까?	⇨	あなたは　イハナさんですか。
❺ 당신은 학생입니까?	⇨	あなたは　がくせいですか。
❻ 당신은 한국인입니까?	⇨	あなたは　かんこくじんですか。
❼ 그 사람은 누구입니까?	⇨	かれは　だれですか。
❽ 그 여자는 학생입니까?	⇨	かのじょは　がくせいですか。
❾ 그 여자는 일본인입니까?	⇨	かのじょは　にほんじんですか。

🔍 4-2. 찾아서 쓰기

❶ 나는
이하나가 아닙니다.   ⇨

❷ 나는
학생이 아닙니다.   ⇨

❸ 나는
한국인이 아닙니다.   ⇨

❹ 그 사람은
선생님이 아닙니다.   ⇨

❺ 그 사람은
일본인이 아닙니다.   ⇨

❻ 그 사람은
회사원이 아닙니다.   ⇨

❼ 그 여자는
가수가 아닙니다.   ⇨

❽ 그 여자는
중국인이 아닙니다.   ⇨

❾ 그 여자는
회사원이 아닙니다.   ⇨

❶ 나는 이하나가 아닙니다.	⇨	わたしは　イハナじゃないです。
❷ 나는 학생이 아닙니다.	⇨	わたしは　がくせいじゃないです。
❸ 나는 한국인이 아닙니다.	⇨	わたしは　かんこくじんじゃないです。
❹ 그 사람은 선생님이 아닙니다.	⇨	かれは　せんせいじゃないです。
❺ 그 사람은 일본인이 아닙니다.	⇨	かれは　にほんじんじゃないです。
❻ 그 사람은 회사원이 아닙니다.	⇨	かれは　かいしゃいんじゃないです。
❼ 그 여자는 가수가 아닙니다.	⇨	かのじょは　かしゅじゃないです。
❽ 그 여자는 중국인이 아닙니다.	⇨	かのじょは　ちゅうごくじんじゃないです。
❾ 그 여자는 회사원이 아닙니다.	⇨	かのじょは　かいしゃいんじゃないです。

🔍 4-3. 찾아서 쓰기

❶ 이곳은
　학교입니다.　⇨

❷ 이곳은
　도쿄 역입니다.　⇨

❸ 이곳은
　학교입니까?　⇨

❹ 이곳은
　도쿄 역입니까?　⇨

❺ 그곳은
　학교입니다.　⇨

❻ 그곳은
　학교가 아닙니다.　⇨

❼ 그곳은
　도쿄 역입니다.　⇨

❽ 그곳은
　도쿄 역이 아닙니다.　⇨

❾ 화장실은
　어디입니까?　⇨

❿ 편의점은
　어디입니까?　⇨

❶ 이곳은
학교입니다. ⇨ ここは　がっこうです。

❷ 이곳은
도쿄 역입니다. ⇨ ここは　とうきょうえきです。

❸ 이곳은
학교입니까? ⇨ ここは　がっこうですか。

❹ 이곳은
도쿄 역입니까? ⇨ ここは　とうきょうえきですか。

❺ 그곳은
학교입니다. ⇨ そこは　がっこうです。

❻ 그곳은
학교가 아닙니다. ⇨ そこは　がっこうじゃないです。

❼ 그곳은
도쿄 역입니다. ⇨ そこは　とうきょうえきです。

❽ 그곳은
도쿄 역이 아닙니다. ⇨ そこは　とうきょうえきじゃないです。

❾ 화장실은
어디입니까? ⇨ トイレは　どこですか。

❿ 편의점은
어디입니까? ⇨ コンビニは　どこですか。

문법정리

• ~입니다.

명사 + 입니다.	⇨	명사 + です。
학생입니다.		がくせいです。
한국인입니다.		かんこくじんです。

• ~입니까?

명사 + 입니까?	⇨	명사 + ですか。
대학생입니까?		だいがくせいですか。
찬성입니까?		さんせいですか。

• ~이 아닙니다.

명사 + 이 아닙니다.	⇨	명사 + ではありません。/ じゃないです。
반대가 아닙니다.		はんたいでは　ありません。
일본인이 아닙니다.		にほんじんでは　ありません。

• ~이 아닙니까?

명사 + 이 아닙니까?	⇨	명사 + ではありませんか。/ じゃないですか。
이모가 아닙니까?		おばさんでは　ありませんか。
오늘이 아닙니까?		きょうでは　ありませんか。

✏️ 한자 쓰기

学生	韓国	日本	中国	会社	家族
がくせい	かんこく	にほん	ちゅうごく	かいしゃ	かぞく
학생	한국	일본	중국	회사	가족
学生	韓国	日本	中国	会社	家族

4. 일본어로 쓰기

❶ 나는
이하나입니다. ⇨

❷ 나는 학생이
아닙니다. ⇨

❸ 당신은
선생님입니까? ⇨

❹ 그 사람은
일본인입니다. ⇨

❺ 그녀는
중국인이 아닙니다. ⇨

❻ 이곳은
학교입니다. ⇨

❼ 그곳은
도쿄 역이 아닙니다. ⇨

❽ 이곳은
화장실입니까? ⇨

❾ 편의점은
어디입니까? ⇨

❿ 이곳은
화장실이 아닙니까? ⇨

5

가타카나 배우기

단어 학습하기

● がっこう: 학교	● ごはん: 밥
● コーヒー: 커피	● えいが: 영화
● ほん: 책	● おんがく: 음악
● バス: 버스	● ともだち: 친구
● ケーキ: 케이크	● べんきょう: 공부

note

• ア행

ア	イ	ウ	エ	オ
[a]	[i]	[u]	[e]	[o]
阿→阝→ア	伊→仁→イ	宇→宀→ウ	江→エ→エ	於→オ→オ
ア	イ	ウ	エ	オ

• アイス 아이스　　• インク 잉크　　• ウイン 윙크
• エンジン 엔진　　• オレンジ 오렌지

・カ행

カ	キ	ク	ケ	コ
[ka]	[ki]	[ku]	[ke]	[ko]
加→カ→カ	幾→丝→キ	久→ク→ク	介→介→ケ	己→己→コ
カ	キ	ク	ケ	コ

- カクテル 칵테일
- キラキラ 반짝반짝
- クレヨン 크레용
- ケーキ 케이크
- コーヒー 커피

• **サ행**

サ	シ	ス	セ	ソ
[sa]	[si]	[su]	[se]	[so]
散 → 散 → サ	之 → 之 → シ	須 → 頁 → ス	世 → 世 → セ	曾 → 營 → ソ
サ	シ	ス	セ	ソ

• サラダ 샐러드　　• シャツ 셔츠　　• スポーツ 스포츠
• セーター 스웨터　　• ソウル 서울

・タ행

タ	チ	ツ	テ	ト
[ta]	[chi]	[chu]	[te]	[to]
多→タ→タ	千→千→チ	川→川→ツ	天→テ→テ	止→ト→ト
タ	チ	ツ	テ	ト

- タバコ 담배   ・チーム 팀   ・ツアー 투어
- テレビ 텔레비전   ・トイレ 화장실

· ナ행

ナ	ニ	ヌ	ネ	ノ
[na]	[ni]	[nu]	[ne]	[no]
奈→ナ→ナ	二→二→ニ	奴→奴→ヌ	祢→礻→ネ	乃→丿→ノ
ナ	ニ	ヌ	ネ	ノ

- ナイフ 나이프
- ニュース 뉴스
- ヌード 누드
- ネクタイ 넥타이
- ノック 노크

• ハ행

ハ	ヒ	フ	ヘ	ホ
[ha]	[hi]	[hu]	[he]	[ho]
八→八→ハ	比→上→ヒ	不→ズ→フ	部→部→ヘ	保→保→ホ
ハ	ヒ	フ	ヘ	ホ

- ハンサム 핸섬
- ヒット 히트
- フリー 프리
- ヘア 헤어
- ホテル 호텔

• マ행

マ	ミ	ム	メ	モ
[ma]	[mi]	[mu]	[me]	[mo]
末→〒→マ	三→三→ミ	牟→ケ→ム	女→メ→メ	毛→モ→モ
マ	ミ	ム	メ	モ

- マ마 엄마
- メロン 메론
- ミス 실수
- モデル 모델
- ムービー 영화

• ヤ행

ヤ		ユ		ヨ
[ya]		[yu]		[yo]
也 → セ → ヤ		由 → ユ → ユ		与 → ヲ → ヨ
ヤ		ユ		ヨ

• ヤング 어린/ 젊은   • ユニーク 독특함   • ヨット 요트

• ラ행

ラ	リ	ル	レ	ロ
[ra]	[ri]	[ru]	[re]	[ro]
良→ 라 →ラ	利→リ→リ	流→류→ル	礼→ᄂ→レ	呂→로→ロ
ラ	リ	ル	レ	ロ

- ラーメン 라면　　　• リボン 리본　　　• ルール 규칙
- レポート 리포트　　• ロケット 로켓

• ワ행

ワ		ヲ		ン
[wa]		[o]		[n]
也→セ→ワ		由→山→ヲ		与→ヲ→ン
ワ		ヲ		ン

• ワイン 와인　　　• パソコン 컴퓨터

カタカナ 청음 복습하기

basu 버스			
yoga 요가			
terebi 텔레비전			
dorama 드라마			
raamen 라면			
pan 빵			
karee 카레			
takusii 택시			
pasupooto 여권			
sukii 스키			
depaato 백화점			
chikin 치킨			

대명사

인칭대명사	
나	わたし
당신	あなた
그	かれ
그녀	かのじょ
누구	だれ
어느 분	どなた

지시대명사	
이것	これ
그것	それ
저것	あれ
어느 것	どれ

가족 말하기			
할아버지	おじいさん	할머니	おばあさん
아버지	おとうさん	어머니	おかあさん
오빠/형	おにいさん	언니/누나	おねえさん
여동생	いもうと	남동생	おとうと
아저씨	おじさん	아주머니	おばさん

✏️ 한자 쓰기

学校	映画	音楽	友達	勉強	子供
がっこう	えいが	おんがく	ともだち	べんきょう	こども
학교	영화	음악	친구	공부	어린이
学校	映画	音楽	友達	勉強	子供

5. 일본어로 쓰기

basu 버스			
yoga 요가			
terebi 텔레비전			
dorama 드라마			
raamen 라면			
pan 빵			
karee 카레			
takusii 택시			
pasupooto 여권			
sukii 스키			
depaato 백화점			
chikin 치킨			

6

학교에 갑니다

단어 학습하기

● なまえ: 이름	● いもうと: 여동생
● きっぷ: 표	● ヨガ: 요가
● こうえん: 공원	● にほんご: 일본어
● あね: 누나/언니	● いえ: 집
● テレビ: 텔레비전	● あに: 형/오빠

note

🔍 6-1. 찾아서 쓰기

❶ 학교에 갑니다. ⇨

❷ 밥을 먹습니다. ⇨

❸ 커피를 마십니다. ⇨

❹ 영화를 봅니다. ⇨

❺ 책을 읽습니다. ⇨

❻ 음악을 듣습니다. ⇨

❼ 버스를 탑니다. ⇨

❽ 친구를 만납니다. ⇨

❾ 케이크를 만듭니다. ⇨

❿ 공부를 합니다. ⇨

❶ 학교에 갑니다. ⇨ がっこうへ　いきます。

❷ 밥을 먹습니다. ⇨ ごはんを　たべます。

❸ 커피를 마십니다. ⇨ コーヒーを　のみます。

❹ 영화를 봅니다. ⇨ えいがを　みます。

❺ 책을 읽습니다. ⇨ ほんを　よみます。

❻ 음악을 듣습니다. ⇨ おんがくを　ききます。

❼ 버스를 탑니다. ⇨ バスに　のります。

❽ 친구를 만납니다. ⇨ ともだちに　あいます。

❾ 케이크를 만듭니다. ⇨ ケーキを　つくります。

❿ 공부를 합니다. ⇨ べんきょうを　します。

🔍 6-2. 찾아서 쓰기

❶ 이름을 씁니다. ⇨

❷ 친구랑 놉니다. ⇨

❸ 책을 삽니다. ⇨

❹ 요가를 배웁니다. ⇨

❺ 공원을 걷습니다. ⇨

❻ 일본어로 이야기합니다. ⇨

❼ 누나를 기다립니다. ⇨

❽ 집에 갑니다. ⇨

❾ 텔레비전이 있습니다. ⇨

❿ 오빠가 있습니다. ⇨

❶ 이름을 씁니다.   ⇨   なまえを　かきます。

❷ 친구랑 놉니다.   ⇨   ともだちと　あそびます。

❸ 책을 삽니다.   ⇨   ほんを　かいます。

❹ 요가를 배웁니다.   ⇨   ヨガを　ならいます。

❺ 공원을 걷습니다.   ⇨   こうえんを　あるきます。

❻ 일본어로 이야기합니다.   ⇨   にほんごで　はなします。

❼ 누나를 기다립니다.   ⇨   あねを　まちます。

❽ 집에 갑니다.   ⇨   うちへ　かえります。

❾ 텔레비전이 있습니다.   ⇨   テレビが　あります。

❿ 오빠가 있습니다.   ⇨   あにが　います。

🔍 6-3. 찾아서 쓰기

❶ 학교에 가지 않습니다.	⇨
❷ 밥을 먹지 않습니다.	⇨
❸ 커피를 마시지 않습니다.	⇨
❹ 영화를 보지 않습니다.	⇨
❺ 책을 읽지 않습니다.	⇨
❻ 음악을 듣지 않습니다.	⇨
❼ 버스를 타지 않습니다.	⇨
❽ 친구를 만나지 않습니다.	⇨
❾ 케이크를 만들지 않습니다.	⇨
❿ 공부를 하지 않습니다.	⇨

6-3. 일본어로 말하기

❶ 학교에
가지 않습니다. ⇨ がっこうへ　いきません。

❷ 밥을
먹지 않습니다. ⇨ ごはんを　たべません。

❸ 커피를
마시지 않습니다. ⇨ コーヒーを　のみません。

❹ 영화를
보지 않습니다. ⇨ えいがを　みません。

❺ 책을
읽지 않습니다. ⇨ ほんを　よみません。

❻ 음악을
듣지 않습니다. ⇨ おんがくを　ききません。

❼ 버스를
타지 않습니다. ⇨ バスに　のりません。

❽ 친구를
만나지 않습니다. ⇨ ともだちに　あいません。

❾ 케이크를
만들지 않습니다. ⇨ ケーキを　つくりません。

❿ 공부를
하지 않습니다. ⇨ べんきょうを　しません。

🔍 6-4. 찾아서 쓰기

❶ 주소는
쓰지 않습니다.　⇨

❷ 친구랑
놀지 않습니다.　⇨

❸ 아이스크림을
사지 않습니다.　⇨

❹ 기타를
배우지 않습니다.　⇨

❺ 공원을
걷지 않습니다.　⇨

❻ 외국어로
이야기하지 않습니다.　⇨

❼ 친구를
기다리지 않습니다.　⇨

❽ 집에
가지 않습니다.　⇨

❾ 시간이 없습니다.　⇨

❿ 남동생이 없습니다.　⇨

❶ 주소는
쓰지 않습니다.
⇨ じゅうしょは　かきません。

❷ 친구랑
놀지 않습니다.
⇨ ともだちと　あそびません。

❸ 아이스크림을
사지 않습니다.
⇨ アイスクリームを　かいません。

❹ 기타를
배우지 않습니다.
⇨ ギターを　ならいません。

❺ 공원을
걷지 않습니다.
⇨ こうえんを　あるきません。

❻ 외국어로
이야기하지 않습니다.
⇨ がいこくごで　はなしません。

❼ 친구를
기다리지 않습니다.
⇨ ともだちを　まちません。

❽ 집에
가지 않습니다.
⇨ うちへ　かえりません。

❾ 시간이 없습니다.
⇨ じかんが　ありません。

❿ 남동생이 없습니다.
⇨ おとうとが　いません。

🔍 6-5. 찾아서 쓰기

❶ 어디에 갑니까?　⇨

❷ 술을 마십니까?　⇨

❸ 애니메이션을 봅니까?　⇨

❹ 지하철을 탑니까?　⇨

❺ 누구랑 놉니까?　⇨

❻ 어디를 걷습니까?　⇨

❼ 누구를 기다립니까?　⇨

❽ 무엇을 만듭니까?　⇨

❾ 뭐가 있습니까?　⇨

❿ 누가 있습니까?　⇨

❶ 어디에 갑니까? ⇨ どこへ　いきますか。

❷ 술을 마십니까? ⇨ おさけを　のみますか。

❸ 애니메이션을 봅니까? ⇨ アニメを　みますか。

❹ 지하철을 탑니까? ⇨ ちかてつに　のりますか。

❺ 누구랑 놉니까? ⇨ だれと　あそびますか。

❻ 어디를 걷습니까? ⇨ どこを　あるきますか。

❼ 누구를 기다립니까? ⇨ だれを　まちますか。

❽ 무엇을 만듭니까? ⇨ なにを　つくりますか。

❾ 뭐가 있습니까? ⇨ なにが　ありますか。

❿ 누가 있습니까? ⇨ だれが　いますか。

✏️ 한자 쓰기

名前	時間	切符	公園	外国	家
なまえ	じかん	きっぷ	こうえん	がいこく	いえ
이름	시간	표	공원	외국	집
名前	時間	切符	公園	外国	家

✎ 6. 일본어로 쓰기

❶ 밥을 먹습니다.　⇨

❷ 커피를 마십니다.　⇨

❸ 케이크를 만듭니다.　⇨

❹ 영화를 보지 않습니다.　⇨

❺ 친구를 만나지 않습니다.　⇨

❻ 누구를 기다립니까?　⇨

❼ 무엇을 삽니까?　⇨

❽ 누구와 놉니까?　⇨

❾ 아무것도 없습니다.　⇨

❿ 아무도 없습니다.　⇨

7

오늘 학교에 갑니다

단어 학습하기

● すし: 초밥	● おちゃ: 차
● くるま: 자동차	● ドラマ: 드라마
● せんせい: 선생님	● なに: 무엇
● ちかてつ: 지하철	● しんぶん: 신문
● きょう: 오늘	● あした: 내일

note

🔍 7-1. 찾아서 쓰기

❶ 오늘 일본에 갑니다.	⇨
❷ 7시에 아침밥을 먹습니다.	⇨
❸ 오후에 커피를 마십니다.	⇨
❹ 내일 한국에 옵니다.	⇨
❺ 밤에 영화를 봅니다.	⇨
❻ 아침에 신문을 읽습니다.	⇨
❼ 8시에 지하철을 탑니다.	⇨
❽ 9시에 친구를 만납니다.	⇨
❾ 오전에 빵을 만듭니다.	⇨
❿ 매일 운동을 합니다.	⇨

❶ 오늘
일본에 갑니다.

⇨ きょう　にほんへ　いきます。

❷ 7시에
아침밥을 먹습니다.

⇨ しちじに　あさごはんを　たべます。

❸ 오후에
커피를 마십니다.

⇨ ごご　コーヒーを　のみます。

❹ 내일
한국에 옵니다.

⇨ あした　かんこくへ　きます。

❺ 밤에
영화를 봅니다.

⇨ よる　えいがを　みます。

❻ 아침에
신문을 읽습니다.

⇨ あさ　しんぶんを　よみます。

❼ 8시에
지하철을 탑니다.

⇨ はちじに　ちかてつに　のります。

❽ 9시에
친구를 만납니다.

⇨ くじに　ともだちに　あいます。

❾ 오전에
빵을 만듭니다.

⇨ ごぜん　パンを　つくります。

❿ 매일
운동을 합니다.

⇨ まいにち　うんどうを　します。

7-2. 찾아서 쓰기

❶ 여기에
　이름을 씁니다.　⇨

❷ 매일
　친구랑 놉니다.　⇨

❸ 서점에서
　책을 삽니다.　⇨

❹ 11시에 잡니다.　⇨

❺ 내일
　요가를 배웁니다.　⇨

❻ 매일
　공원을 걷습니다.　⇨

❼ 역 앞에서
　친구를 기다립니다.　⇨

❽ 친구와
　일본어로 이야기합니다.　⇨

❾ 남동생이
　한 명 있습니다.　⇨

❿ 책이랑
　노트가 있습니다.　⇨

❶ 여기에
이름을 씁니다.

⇨ ここに　なまえを　かきます。

❷ 매일
친구랑 놉니다.

⇨ まいにち　ともだちと　あそびます。

❸ 서점에서
책을 삽니다.

⇨ ほんやで　ほんを　かいます。

❹ 11시에 잡니다.

⇨ じゅういちじに　ねます。

❺ 내일
요가를 배웁니다.

⇨ あした　ヨガを　ならいます。

❻ 매일
공원을 걷습니다.

⇨ まいにち　こうえんを　あるきます。

❼ 역 앞에서
친구를 기다립니다.

⇨ えきまえで　ともだちを　まちます。

❽ 친구와
일본어로 이야기합니다.

⇨ ともだちと　にほんごで　はなします。

❾ 남동생이
한 명 있습니다.

⇨ おとうとが　ひとり　います。

❿ 책이랑
노트가 있습니다.

⇨ ほんと　ノートが　あります。

🔍 7-3. 찾아서 쓰기

❶ 오늘
아무 데도 안 갑니다. ⇨

❷ 혼자서
아침밥을 먹지 않습니다. ⇨

❸ 저는
맥주는 마시지 않습니다. ⇨

❹ 그 사람은
한국에 안 옵니다. ⇨

❺ 저는
일본 영화는 안 봅니다. ⇨

❻ 학교에서
만화책은 안 읽습니다. ⇨

❼ 아침에
택시를 타지 않습니다. ⇨

❽ 주말에
친구를 만나지 않습니다. ⇨

❾ 내일
회사를 쉬지 않습니다. ⇨

❿ 집에서
공부를 하지 않습니다. ⇨

---

❶ 오늘
아무 데도 안 갑니다.

⇨ きょう　どこへも　いきません。

---

❷ 혼자서 아침밥을
먹지 않습니다.

⇨ ひとりで　あさごはんを　たべません。

---

❸ 저는 맥주는
마시지 않습니다.

⇨ わたしは　ビールは　のみません。

---

❹ 그 사람은
한국에 안 옵니다.

⇨ かれは　かんこくへ　きません。

---

❺ 저는 일본 영화는
안 봅니다.

⇨ わたしは　にほんのえいがは　みません。

---

❻ 학교에서
만화책은 안 읽습니다.

⇨ がっこうで　まんがは　よみません。

---

❼ 아침에 택시를
타지 않습니다.

⇨ あさ　タクシーを　のりません。

---

❽ 주말에 친구를
만나지 않습니다.

⇨ しゅうまつ　ともだちに　あいません。

---

❾ 내일 회사를
쉬지 않습니다.

⇨ あした　かいしゃを　やすみません。

---

❿ 집에서 공부를
하지 않습니다.

⇨ うちで　べんきょうを　しません。

🔍 7-4. 찾아서 쓰기

❶ 이름을 한자로 쓰지 않습니다.	⇨	
❷ 오늘은 친구랑 놀지 않습니다.	⇨	
❸ 백화점에서 옷을 사지 않습니다.	⇨	
❹ 오늘은 잠을 자지 않습니다.	⇨	
❺ 일본어를 배우지 않습니다.	⇨	
❻ 혼자서 공원을 걷지 않습니다.	⇨	
❼ 오늘은 집에 가지 않습니다.	⇨	
❽ 매일 음악을 듣지 않습니다.	⇨	
❾ 손님은 한 명도 없습니다.	⇨	
❿ 돈이 전혀 없습니다.	⇨	

❶ 이름을 한자로 쓰지 않습니다.	⇨	なまえを　かんじで　かきません。
❷ 오늘은 친구랑 놀지 않습니다.	⇨	きょうは　ともだちと　あそびません。
❸ 백화점에서 옷을 사지 않습니다.	⇨	デパートで　ふくを　かいません。
❹ 오늘은 잠을 자지 않습니다.	⇨	きょうは　ねません。
❺ 일본어를 배우지 않습니다.	⇨	にほんごを　ならいません。
❻ 혼자서 공원을 걷지 않습니다.	⇨	ひとりで　こうえんを　あるきません。
❼ 오늘은 집에 가지 않습니다.	⇨	きょうは うちに　かえりません。
❽ 매일 음악을 듣지 않습니다.	⇨	まいにち　おんがくを　ききません。
❾ 손님은 한 명도 없습니다.	⇨	おきゃくさんは　ひとりも　いません。
❿ 돈이 전혀 없습니다.	⇨	おかねが　ぜんぜん　ありません。

7-5. 찾아서 쓰기

❶ 이름은 여기에
   씁니까? ⇨

❷ 매일 누구랑
   놉니까? ⇨

❸ 책은 어디에서
   삽니까? ⇨

❹ 매일 몇 시에
   잡니까? ⇨

❺ 언제부터 일본어를
   배웁니까? ⇨

❻ 누구와 공원을
   걷습니까? ⇨

❼ 언제 집에 갑니까? ⇨

❽ 역에서 누구를
   기다립니까? ⇨

❾ 교실에는
   몇 명 있습니까? ⇨

❿ 가방은
   어디에 있습니까? ⇨

❶ 이름은 여기에
쓰니까?   ⇨   なまえは　ここに　かきますか。

❷ 매일 누구랑
놉니까?   ⇨   まいにち　だれと　あそびますか。

❸ 책은 어디에서
삽니까?   ⇨   ほんは　どこで　かいますか。

❹ 매일 몇 시에
잡니까?   ⇨   まいにち　なんじに　ねますか。

❺ 언제부터 일본어를
배웁니까?   ⇨   いつから　にほんごを　ならいますか。

❻ 누구와 공원을
걷습니까?   ⇨   だれと　こうえんを　あるきますか。

❼ 언제 집에 갑니까?   ⇨   いつ　かえりますか。

❽ 역에서 누구를
기다립니까?   ⇨   えきで　だれを　まちますか。

❾ 교실에는
몇 명 있습니까?   ⇨   きょうしつには　なんにん　いますか。

❿ 가방은
어디에 있습니까?   ⇨   かばんは　どこに　ありますか。

시간표현

1시	2시	3시	4시	5시	6시
いちじ	にじ	さんじ	よじ	ごじ	ろくじ
7시	8시	9시	10시	11시	12시
しちじ	はちじ	くじ	じゅうじ	じゅういちじ	じゅうにじ

・いま　なんじですか。: 지금 몇 시예요?

・なんじからですか。: 몇 시부터예요?

・なんじまでですか。: 몇 시까지예요?

・ごぜん: 오전　・ごご: 오후　・あさ: 아침　・ひる: 점심　・よる: 저녁

월요일	화요일	수요일	목요일
げつようび	かようび	すいようび	もくようび
금요일	토요일	일요일	무슨 요일
きんようび	どようび	にちようび	なんようび

・きょうは　なんようびですか。: 오늘은 무슨 요일이에요?

・きのう: 어제　・きょう: 오늘　・あした: 내일　・まいにち: 매일

✏️ 한자 쓰기

車	お茶	先生	地下鉄	新聞	今日
くるま	おちゃ	せんせい	ちかてつ	しんぶん	きょう
자동차	차	선생	지하철	신문	오늘
車	お茶	先生	地下鉄	新聞	今日

7. 일본어로 쓰기

❶ 서점에서
책을 삽니다. ⇨

❷ 밤에
영화를 봅니다. ⇨

❸ 매일 공부를 합니다. ⇨

❹ 저는 일본 영화는
안 봅니다. ⇨

❺ 친구가
한 명도 없습니다. ⇨

❻ 돈이 전혀 없습니다. ⇨

❼ 언제 집에 갑니까? ⇨

❽ 맥주를
마시지 않습니다. ⇨

❾ 이름은 한자로
쓰지 않습니다. ⇨

❿ 가방은
어디에 있습니까? ⇨

8

중국에 가고 싶습니다

단어 학습하기

● ら-めん: 라면	● おみず: 물
● しゃしん: 사진	● ざっし: 잡지
● ひこうき: 비행기	● びょういん: 병원
● えいご: 영어	● でんわ: 전화
● ばんごう: 번호	● りょうり: 요리

note

8-1. 찾아서 쓰기

❶ 중국에 　가고 싶습니다.	⇨
❷ 라면을 　먹고 싶습니다.	⇨
❸ 물을 　마시고 싶습니다.	⇨
❹ 드라마를 　보고 싶습니다.	⇨
❺ 일본어 책을 　읽고 싶습니다.	⇨
❻ 비행기를 　타고 싶습니다.	⇨
❼ 친구를 　만나고 싶습니다.	⇨
❽ 빵을 　만들고 싶습니다.	⇨
❾ 영어를 　배우고 싶습니다.	⇨
❿ 전화를 　하고 싶습니다.	⇨

❶ 중국에
가고 싶습니다.

⇨ ちゅうごくへ　いきたいです。

❷ 라면을
먹고 싶습니다.

⇨ ラーメンが　たべたいです。

❸ 물을
마시고 싶습니다.

⇨ みずが　のみたいです。

❹ 드라마를
보고 싶습니다.

⇨ ドラマが　みたいです。

❺ 일본어 책을
읽고 싶습니다.

⇨ にほんごのほんが　よみたいです。

❻ 비행기를
타고 싶습니다.

⇨ ひこうきに　のりたいです。

❼ 친구를
만나고 싶습니다.

⇨ ともだちに　あいたいです。

❽ 빵을
만들고 싶습니다.

⇨ パンが　つくりたいです。

❾ 영어를
배우고 싶습니다.

⇨ えいごが　ならいたいです。

❿ 전화를
하고 싶습니다.

⇨ でんわが　したいです。

🔍 8-2. 찾아서 쓰기

❶ 병원에 가고 싶지
   않습니다.   ⇨

❷ 토마토는 먹고 싶지
   않습니다.   ⇨

❸ 물은 마시고 싶지
   않습니다.   ⇨

❹ 뉴스는 보고 싶지
   않습니다.   ⇨

❺ 잡지는 읽고 싶지
   않습니다.   ⇨

❻ 비행기는 타고 싶지
   않습니다.   ⇨

❼ 친구는 만나고 싶지
   않습니다.   ⇨

❽ 스프는 만들고 싶지
   않습니다.   ⇨

❾ 일본어는 배우고 싶지
   않습니다.   ⇨

❿ 전화는 하고 싶지
   않습니다.   ⇨

❶ 병원에 가고 싶지 않습니다.	⇨ びょういんへ　いきたくないです。
❷ 토마토는 먹고 싶지 않습니다.	⇨ トマトは　たべたくないです。
❸ 물은 마시고 싶지 않습니다.	⇨ みずは　のみたくないです。
❹ 뉴스는 보고 싶지 않습니다.	⇨ ニュースは　みたくないです。
❺ 잡지는 읽고 싶지 않습니다.	⇨ ざっしは　よみたくないです。
❻ 비행기는 타고 싶지 않습니다.	⇨ ひこうきは　のりたくないです。
❼ 친구는 만나고 싶지 않습니다.	⇨ ともだちに　あいたくないです。
❽ 스프는 만들고 싶지 않습니다.	⇨ スープは　つくりたくないです。
❾ 일본어는 배우고 싶지 않습니다.	⇨ にほんごは　ならいたくないです。
❿ 전화는 하고 싶지 않습니다.	⇨ でんわは　したくないです。

🔍 8-3. 찾아서 쓰기

❶ 히라가나로 이름을 쓰고 싶습니다.	⇨	
❷ 매일 친구랑 놀고 싶습니다.	⇨	
❸ 서점에서 책을 사고 싶습니다.	⇨	
❹ 10시에는 자고 싶습니다.	⇨	
❺ 요리를 배우고 싶습니다.	⇨	
❻ 매일 공원을 걷고 싶습니다.	⇨	
❼ 빨리 집에 가고 싶습니다.	⇨	
❽ 일본어로 이야기하고 싶습니다.	⇨	
❾ 음악을 듣고 싶습니다.	⇨	
❿ 친구를 만들고 싶습니다.	⇨	

❶ 히라가나로 이름을
쓰고 싶습니다.   ⇨   ひらがなで　なまえが　かきたいです。

❷ 매일 친구랑
놀고 싶습니다.   ⇨   まいにち　ともだちと　あそびたいです。

❸ 서점에서 책을
사고 싶습니다.   ⇨   ほんやで　ほんが　かいたいです。

❹ 10시에는
자고 싶습니다.   ⇨   じゅうじには　ねたいです。

❺ 요리를
배우고 싶습니다.   ⇨   りょうりが　ならいたいです。

❻ 매일 공원을
걷고 싶습니다.   ⇨   まいにち　こうえんを　あるきたいです。

❼ 빨리 집에
가고 싶습니다.   ⇨   はやく　かえりたいです。

❽ 일본어로
이야기하고 싶습니다.   ⇨   にほんごで　はなしたいです。

❾ 음악을 듣고 싶습니다.   ⇨   おんがくが　ききたいです。

❿ 친구를
만들고 싶습니다.   ⇨   ともだちが　つくりたいです。

🔍 8-4. 찾아서 쓰기

❶ 이름은 쓰고 싶지 않습니다. ⇨

❷ 그 사람과는 놀고 싶지 않습니다. ⇨

❸ 아무것도 사고 싶지 않습니다. ⇨

❹ 오늘은 빨리 자고 싶지 않습니다. ⇨

❺ 중국어는 배우고 싶지 않습니다. ⇨

❻ 오늘은 걷고 싶지 않습니다. ⇨

❼ 집에 가고 싶지 않습니다. ⇨

❽ 당신과는 말하고 싶지 않습니다. ⇨

❾ 클래식은 듣고 싶지 않습니다. ⇨

❿ 친구를 만들고 싶지 않습니다. ⇨

❶ 이름은 쓰고 싶지
않습니다.
⇨ なまえは　かきたくないです。

❷ 그 사람과는 놀고 싶지
않습니다.
⇨ かれとは　あそびたくないです。

❸ 아무것도 사고 싶지
않습니다.
⇨ なにも　かいたくないです。

❹ 오늘은 빨리 자고 싶지
않습니다.
⇨ きょうは　はやく　ねたくないです。

❺ 중국어는 배우고 싶지
않습니다.
⇨ ちゅうごくごは　ならいたくないです。

❻ 오늘은 걷고 싶지
않습니다.
⇨ きょうは　あるきたくないです。

❼ 집에 가고 싶지
않습니다.
⇨ うちに　かえりたくないです。

❽ 당신과는 말하고 싶지
않습니다.
⇨ あなたとは　はなしたくないです。

❾ 클래식은 듣고 싶지
않습니다.
⇨ クラシックは　ききたくないです。

❿ 친구를 만들고 싶지
않습니다.
⇨ ともだちは　つくりたくないです。

🔍 8-5. 찾아서 쓰기

❶ 무엇을
먹고 싶습니까? ⇨

❷ 내일 무엇을
하고 싶습니까? ⇨

❸ 어디에
가고 싶습니까? ⇨

❹ 누구랑
놀고 싶습니까? ⇨

❺ 무슨 영화를
보고 싶습니까? ⇨

❻ 누구에게
배우고 싶습니까? ⇨

❼ 몇 시에
만나고 싶습니까? ⇨

❽ 무엇을
사고 싶습니까? ⇨

❾ 몇 시에
자고 싶습니까? ⇨

❿ 벌써 집에
가고 싶습니까? ⇨

❶ 무엇을
먹고 싶습니까?
⇨ なにが　たべたいですか。

❷ 내일 무엇을
하고 싶습니까?
⇨ あした　なにが　したいですか。

❸ 어디에
가고 싶습니까?
⇨ どこへ　いきたいですか。

❹ 누구랑
놀고 싶습니까?
⇨ だれと　あそびたいですか。

❺ 무슨 영화를
보고 싶습니까?
⇨ なんのえいがが　みたいですか。

❻ 누구에게
배우고 싶습니까?
⇨ だれから　ならいたいですか。

❼ 몇 시에
만나고 싶습니까?
⇨ なんじに　あいたいですか。

❽ 무엇을
사고 싶습니까?
⇨ なにが　かいたいですか。

❾ 몇 시에
자고 싶습니까?
⇨ なんじに　ねたいですか。

❿ 벌써 집에
가고 싶습니까?
⇨ もう　かえりたいですか

시간표현

1월	2월	3월	4월	5월	6월
いちがつ	にがつ	さんがつ	しがつ	ごがつ	ろくがつ
7월	8월	9월	10월	11월	12월
しちがつ	はちがつ	くがつ	じゅうがつ	じゅういちがつ	じゅうにがつ

- たんじょうびは　いつですか。생일은 언제예요?
- たんじょうびは　なんがつですか。생일은 몇 월이에요?
- やすみは　いつからですか。휴가는 언제부터예요?
- はるは　なんがつからですか。봄은 몇 월부터예요?
- ふゆは　なんがつまでですか。겨울은 몇 월까지예요?

✎ **한자 쓰기**

写真	飛行機	英語	本屋	雑誌	電話
しゃしん	ひこうき	えいご	ほんや	ざっし	でんわ
사진	비행기	영어	책방	잡지	전화
写真	飛行機	英語	本屋	雑誌	電話

8. 일본어로 쓰기

❶ 친구를 만나고 싶습니다.	⇨
❷ 일본어 책을 읽고 싶습니다.	⇨
❸ 빵을 만들고 싶습니다.	⇨
❹ 중국에 가고 싶지 않습니다.	⇨
❺ 당신과는 말하고 싶지 않습니다.	⇨
❻ 비행기를 타고 싶지 않습니다.	⇨
❼ 아무것도 사고 싶지 않습니다.	⇨
❽ 내일 무엇을 하고 싶습니까?	⇨
❾ 몇 시에 자고 싶습니까?	⇨
❿ 벌써 집에 가고 싶습니까?	⇨

9

어제 카레를 먹었습니다

단어 학습하기

● カレー: 카레	● しょうせつ: 소설
● こうちゃ: 홍차	● きょねん: 작년
● ちず: 지도	● かれし: 남자친구
● てがみ: 편지	● しゃちょう: 사장
● ひとりで: 혼자서	● おかし: 과자

note

9-1. 찾아서 쓰기

❶ 어제 카레를
먹었습니다. ⇨

❷ 아까 홍차를
마셨습니다. ⇨

❸ 작년에
한국에 왔습니다. ⇨

❹ 아빠랑
영화를 봤습니다. ⇨

❺ 남자친구의 편지를
읽었습니다. ⇨

❻ 8시에
버스를 탔습니다. ⇨

❼ 어제 사장님을
만났습니다. ⇨

❽ 혼자서 지도를
만들었습니다. ⇨

❾ 여기에
과자가 있었습니다. ⇨

❿ 어제 그 사람도
있었습니다. ⇨

❶ 어제 카레를 먹었습니다.	⇨ きのう　カレーを　たべました。
❷ 아까 홍차를 마셨습니다.	⇨ さっき　こうちゃを　のみました。
❸ 작년에 한국에 왔습니다.	⇨ きょねん　かんこくへ　きました。
❹ 아빠랑 영화를 봤습니다.	⇨ ちちと　えいがを　みました。
❺ 남자친구의 편지를 읽었습니다.	⇨ かれしの　てがみを　よみました。
❻ 8시에 버스를 탔습니다.	⇨ はちじに　バスに　のりました。
❼ 어제 사장님을 만났습니다.	⇨ きのう　しゃちょうに　あいました。
❽ 혼자서 지도를 만들었습니다.	⇨ ひとりで　ちずを　つくりました。
❾ 여기에 과자가 있었습니다.	⇨ ここに　おかしが　ありました。
❿ 어제 그 사람도 있었습니다.	⇨ きのう　かれも　いました。

🔍 9-2. 찾아서 쓰기

❶ 수영장에서
친구랑 놀았습니다.　⇨

❷ 꽃가게에서
꽃을 샀습니다.　⇨

❸ 한자로
주소를 썼습니다.　⇨

❹ 학교에서
일본어를 배웠습니다.　⇨

❺ 어제는 집에
빨리 갔습니다.　⇨

❻ 친구와 영어로
이야기했습니다.　⇨

❼ 어제는 푹 잤습니다.　⇨

❽ 12시까지
당신을 기다렸습니다.　⇨

❾ 매일 다이어트를
했습니다.　⇨

❿ 소문을 들었습니다.　⇨

❶ 수영장에서
친구랑 놀았습니다. ⇨ プールで　ともだちと　あそびました。

❷ 꽃가게에서
꽃을 샀습니다. ⇨ はなやで　はなを　かいました。

❸ 한자로
주소를 썼습니다. ⇨ かんじで　じゅうしょを　かきました。

❹ 학교에서
일본어를 배웠습니다. ⇨ がっこうで　にほんごを　ならいました。

❺ 어제는 집에
빨리 갔습니다. ⇨ きのうは　はやく　かえりました。

❻ 친구와 영어로
이야기했습니다. ⇨ ともだちと　えいごで　はなしました。

❼ 어제는 푹 잤습니다. ⇨ きのうは　ぐっすり　ねました。

❽ 12시까지
당신을 기다렸습니다. ⇨ じゅうにじまで　あなたを　まちました。

❾ 매일 다이어트를
했습니다. ⇨ まいにち　ダイエットを　しました。

❿ 소문을 들었습니다. ⇨ うわさを　ききました。

🔍 9-3. 찾아서 쓰기

❶ 아침을 안 먹었습니다. ⇨

❷ 아까 콜라를
안 마셨습니다. ⇨

❸ 그 사람은
어제 안 왔습니다. ⇨

❹ 저는 아무것도
안 봤습니다. ⇨

❺ 메세지를
읽지 않았습니다. ⇨

❻ 어제는 버스를
타지 않았습니다. ⇨

❼ 아무도
만나지 않았습니다. ⇨

❽ 푹 쉬지 않았습니다. ⇨

❾ 돈이 없었습니다. ⇨

❿ 어제 그 사람은
없었습니다. ⇨

9-3. 일본어로 말하기

❶ 아침을 안 먹었습니다. ⇨	あさごはんを　たべませんでした。
❷ 아까 콜라를 안 마셨습니다. ⇨	さっき　コーラを　のみませんでした。
❸ 그 사람은 어제 안 왔습니다. ⇨	かれは　きのう　きませんでした。
❹ 저는 아무것도 안 봤습니다. ⇨	わたしは　なにも　みませんでした。
❺ 메세지를 읽지 않았습니다. ⇨	メッセージを　よみませんでした。
❻ 어제는 버스를 타지 않았습니다. ⇨	きのう　バスに　のりませんでした。
❼ 아무도 만나지 않습니다. ⇨	だれも　あいませんでした。
❽ 푹 쉬지 않았습니다. ⇨	ゆっくり　やすみませんでした。
❾ 돈이 없었습니다. ⇨	おかねが　ありませんでした。
❿ 어제 그 사람은 없었습니다. ⇨	きのう　かれは　いませんでした。

🔍 9-4. 찾아서 쓰기

❶ 어제는
  안 놀았습니다. ⇨

❷ 꽃을 사지
  않았습니다. ⇨

❸ 주소를 쓰지
  않았습니다. ⇨

❹ 피아노는 배우지
  않았습니다. ⇨

❺ 어제는 집에 가지
  않았습니다. ⇨

❻ 아무에게도 이야기하지
  않았습니다. ⇨

❼ 어제는 잠을 자지
  않았습니다. ⇨

❽ 아무도 기다리지
  않았습니다. ⇨

❾ 어제도 공부를
  안 했습니다. ⇨

❿ 그 이야기는 듣지
  않았습니다. ⇨

❶ 어제는
안 놀았습니다.

⇨ きのうは　あそびませんでした。

❷ 꽃을 사지
않았습니다.

⇨ はなを　かいませんでした。

❸ 주소를 쓰지
않았습니다.

⇨ じゅうしょを　かきませんでした。

❹ 피아노는 배우지
않았습니다.

⇨ ピアノは　ならいませんでした。

❺ 어제는 집에 가지
않았습니다.

⇨ きのうは　かえりませんでした。

❻ 아무에게도 이야기하지
않았습니다.

⇨ だれにも　はなしませんでした。

❼ 어제는 잠을 자지
않았습니다.

⇨ きのうは　ねませんでした。

❽ 아무도 기다리지
않았습니다.

⇨ だれも　まちませんでした。

❾ 어제도 공부를
안 했습니다.

⇨ きのうも　べんきょうしませんでした。

❿ 그 이야기는 듣지
않았습니다.

⇨ そのはなしは　ききませんでした。

🔍 9-5. 찾아서 쓰기

---

❶ 무엇을 먹었습니까? ⇨

....

❷ 몇 시에 잤습니까? ⇨

....

❸ 무슨 영화를 봤습니까? ⇨

....

❹ 누구를 만났습니까? ⇨

....

❺ 어디에서 배웠습니까? ⇨

....

❻ 누구랑 마셨습니까? ⇨

....

❼ 어디에서 왔습니까? ⇨

....

❽ 어디에 있었습니까? ⇨

....

❾ 어제 무엇을 했습니까? ⇨

....

❿ 누구랑 이야기했습니까? ⇨

---

❶ 무엇을 먹었습니까? ⇨ なにを　たべましたか。

❷ 몇 시에 잤습니까? ⇨ なんじに　ねましたか。

❸ 무슨 영화를 봤습니까? ⇨ なんのえいがを　みましたか。

❹ 누구를 만났습니까? ⇨ だれに　あいましたか。

❺ 어디에서 배웠습니까? ⇨ どこで　ならいましたか。

❻ 누구랑 마셨습니까? ⇨ だれと　のみましたか。

❼ 어디에서 왔습니까? ⇨ どこから　きましたか。

❽ 어디에 있었습니까? ⇨ どこに　ありましたか／いましたか。

❾ 어제 무엇을 했습니까? ⇨ きのう　なにを　しましたか。

❿ 누구랑 이야기했습니까? ⇨ だれと　はなしましたか。

✏️ 한자 쓰기

手紙	小説	去年	社長	一人	お菓子
てがみ	しょうせつ	きょねん	しゃちょう	ひとり	おかし
편지	소설	작년	사장	한 사람	과자
手紙	小説	去年	社長	一人	お菓子

9. 일본어로 쓰기

❶ 작년에
　한국에 왔습니다.　⇨

❷ 몇 시에 잤습니까?　⇨

❸ 무슨 영화를 봤습니까?　⇨

❹ 누구를 만났습니까?　⇨

❺ 어디에서 배웠습니까?　⇨

❻ 누구랑 마셨습니까?　⇨

❼ 어디에서 왔습니까?　⇨

❽ 어디에 있었습니까?　⇨

❾ 어제 무엇을 했습니까?　⇨

❿ 누구랑 이야기했습니까?　⇨

Day 10

10

영화를 보러 갑니다

단어 학습하기

● タクシー: 택시	● べんきょう: 공부
● パスポート: 여권	● コンビニ: 편의점
● べんとう: 도시락	● スキー: 스키
● おひる: 점심 식사	● そうじ: 청소
● でんしゃ: 전철	● くすりや: 약국

note

🔍 10-1. 찾아서 쓰기

❶ 영화를 보러 갑니다. ⇨

❷ 점심을 먹으러 갑니다. ⇨

❸ 차를 마시러 갑니다. ⇨

❹ 지금 만나러 갑니다. ⇨

❺ 택시를 타러 갑니다. ⇨

❻ 공부를 하러 갑니다. ⇨

❼ 여권을 만들러 갑니다. ⇨

❽ 일본에 놀러 갑니다. ⇨

❾ 편의점에 도시락을
  사러 갑니다. ⇨

❿ 스키를 배우러 갑니다. ⇨

❶ 영화를 보러 갑니다.	⇨	えいがを　みに　いきます。
❷ 점심을 먹으러 갑니다.	⇨	ひるごはんを　たべに　いきます。
❸ 차를 마시러 갑니다.	⇨	おちゃを　のみに　いきます。
❹ 지금 만나러 갑니다.	⇨	いま　あいに　いきます。
❺ 택시를 타러 갑니다.	⇨	タクシーを　のりに　いきます。
❻ 공부를 하러 갑니다.	⇨	べんきょうを　しに　いきます。
❼ 여권을 만들러 갑니다.	⇨	パスポートを　つくりに　いきます。
❽ 일본에 놀러 갑니다.	⇨	にほんへ　あそびに　いきます。
❾ 편의점에 도시락을 사러 갑니다.	⇨	コンビニへ　べんとうを　かいに　いきます。
❿ 스키를 배우러 갑니다.	⇨	スキーを　ならいに　いきます。

🔍 10-2. 찾아서 쓰기

❶ 혼자서 영화를
보러 갔습니다. ⇨

❷ 디저트를
먹으러 갔습니다. ⇨

❸ 카페로 차를
마시러 갔습니다. ⇨

❹ 친구를
만나러 갔습니다. ⇨

❺ 전철을
타러 갔습니다. ⇨

❻ 청소를
하러 갔습니다. ⇨

❼ 여권을
만들러 갔습니다. ⇨

❽ 일본에
놀러 갔습니다. ⇨

❾ 약국에 약을
사러 갔습니다. ⇨

❿ 스키를
배우러 갔습니다. ⇨

❶ 혼자서 영화를
보러 갔습니다.

⇨ ひとりで　えいがを　みに　いきました。

❷ 디저트를
먹으러 갔습니다.

⇨ デザートを　たべに　いきました。

❸ 카페로 차를
마시러 갔습니다.

⇨ カフェに　おちゃを　のみに　いきました。

❹ 친구를
만나러 갔습니다.

⇨ ともだちに　あいに　いきました。

❺ 전철을
타러 갔습니다.

⇨ でんしゃを　のりに　いきました。

❻ 청소를
하러 갔습니다.

⇨ そうじを　しに　いきました。

❼ 여권을
만들러 갔습니다.

⇨ パスポートを　つくりに　いきました。

❽ 일본에
놀러 갔습니다.

⇨ にほんへ　あそびに　いきました。

❾ 약국에 약을
사러 갔습니다.

⇨ くすりやへ　くすりを　かいに　いきました。

❿ 스키를
배우러 갔습니다.

⇨ スキーを　ならいに　いきました。

🔍 10-3. 찾아서 쓰기

❶ 영화를 보러
가고 싶습니다. ⇨

❷ 점심을 먹으러
가고 싶습니다. ⇨

❸ 커피를 마시러
가고 싶습니다. ⇨

❹ 친구를 만나러
가고 싶습니다. ⇨

❺ 지하철을 타러
가고 싶습니다. ⇨

❻ 공부를 하러
가고 싶습니다. ⇨

❼ 요리를 만들러
가고 싶습니다. ⇨

❽ 오사카에 놀러
가고 싶습니다. ⇨

❾ 우유를 사러
가고 싶습니다. ⇨

❿ 스키를 배우러
가고 싶습니다. ⇨

❶ 영화를 보러
가고 싶습니다.

⇨ えいがを　みに　いきたいです。

❷ 점심을 먹으러
가고 싶습니다.

⇨ ひるごはんを　たべに　いきたいです。

❸ 커피를 마시러
가고 싶습니다.

⇨ コーヒーを　のみに　いきたいです。

❹ 친구를 만나러
가고 싶습니다.

⇨ ともだちに　あいに　いきたいです。

❺ 지하철을 타러
가고 싶습니다.

⇨ ちかてつを　のりに　いきたいです。

❻ 공부를 하러
가고 싶습니다.

⇨ べんきょうを　しに　いきたいです。

❼ 요리를 만들러
가고 싶습니다.

⇨ りょうりを　つくりに　いきたいです。

❽ 오사카에 놀러
가고 싶습니다.

⇨ おおさかへ　あそびに　いきたいです。

❾ 우유를 사러
가고 싶습니다.

⇨ ミルクを　かいに　いきたいです。

❿ 스키를 배우러
가고 싶습니다.

⇨ スキーを　ならいに　いきたいです。

🔍 10-4. 찾아서 쓰기

❶ 영화를 보러
　가고 싶었습니다.　➡

❷ 점심을 먹으러
　가고 싶었습니다.　➡

❸ 물을 마시러
　가고 싶었습니다.　➡

❹ 친구를 만나러
　가고 싶었습니다.　➡

❺ 지하철을 타러
　가고 싶었습니다.　➡

❻ 공부를 하러
　가고 싶었습니다.　➡

❼ 요리를 만들러
　가고 싶었습니다.　➡

❽ 교토에 놀러
　가고 싶었습니다.　➡

❾ 햄버거를 사러
　가고 싶었습니다.　➡

❿ 테니스를 배우러
　가고 싶었습니다.　➡

❶ 영화를 보러 가고 싶었습니다.	⇨ えいがを　みに　いきたかったです。
❷ 점심을 먹으러 가고 싶었습니다.	⇨ ひるごはんを　たべに　いきたかったです。
❸ 물을 마시러 가고 싶었습니다.	⇨ みずを　のみに　いきたかったです。
❹ 친구를 만나러 가고 싶었습니다.	⇨ ともだちに　あいに　いきたかったです。
❺ 지하철을 타러 가고 싶었습니다.	⇨ ちかてつを　のりに　いきたかったです。
❻ 공부를 하러 가고 싶었습니다.	⇨ べんきょうを　しに　いきたかったです。
❼ 요리를 만들러 가고 싶었습니다.	⇨ りょうりを　つくりに　いきたかったです。
❽ 교토에 놀러 가고 싶었습니다.	⇨ きょうとへ　あそびに　いきたかったです。
❾ 햄버거를 사러 가고 싶었습니다.	⇨ ハンバーガーを　かいに　いきたかったです。
❿ 테니스를 배우러 가고 싶었습니다.	⇨ テニスを　ならいに　いきたかったです。

✏️ 한자 쓰기

図書館	明日	今年	誕生日	大学	趣味
としょかん	あした	ことし	たんじょうび	だいがく	しゅみ
도서관	내일	올해	생일	대학	취미
図書館	明日	今年	誕生日	大学	趣味

10. 일본어로 쓰기

① 혼자서 영화를
보러 갑니다. ⇨

② 지금 친구를
만나러 갑니다. ⇨

③ 오사카에
놀러 갔습니다. ⇨

④ 스키를
배우러 갔습니다. ⇨

⑤ 점심을 먹으러
가고 싶습니다. ⇨

⑥ 공부를 하러
가고 싶습니다. ⇨

⑦ 요리를 만들러
가고 싶었습니다. ⇨

⑧ 친구를 만나러
가고 싶었습니다. ⇨

⑨ 버스를 타러
가고 싶었습니다. ⇨

⑩ 물을 마시러
가고 싶었습니다. ⇨

Day 11

11

커피를 마실래요?

단어 학습하기

● しょくどう: 식당	● こんばん: 오늘 밤
● じでんしゃ: 자전거	● すいえい: 수영
● おにぎり: 주먹밥	● おさけ: 술
● しけん: 시험	● りょこう: 여행
● れんらく: 연락	● じゅぎょう: 수업

note

🔍 11-1. 찾아서 쓰기

---

❶ 같이 가실래요?   ⇨

❷ 같이 보실래요?   ⇨

❸ 같이 드실래요?   ⇨

❹ 같이 마실래요?   ⇨

❺ 같이 타실래요?   ⇨

❻ 같이 만나실래요?   ⇨

❼ 같이 만드실래요?   ⇨

❽ 같이 하실래요?   ⇨

❾ 같이 배우실래요?   ⇨

❿ 같이 읽으실래요?   ⇨

---

❶ 같이 가실래요?   ⇨   いっしょに　いきませんか。

❷ 같이 보실래요?   ⇨   いっしょに　みませんか。

❸ 같이 드실래요?   ⇨   いっしょに　たべませんか。

❹ 같이 마실래요?   ⇨   いっしょに　のみませんか。

❺ 같이 타실래요?   ⇨   いっしょに　のりませんか。

❻ 같이 만나실래요?   ⇨   いっしょに　あいませんか。

❼ 같이 만드실래요?   ⇨   いっしょに　つくりませんか。

❽ 같이 하실래요?   ⇨   いっしょに　しませんか。

❾ 같이 배우실래요?   ⇨   いっしょに　ならいませんか。

❿ 같이 읽으실래요?   ⇨   いっしょに　よみませんか。

🔍 11-2. 찾아서 쓰기

❶ 학교에
   같이 가실래요?   ⇨

❷ 영화
   같이 보실래요?   ⇨

❸ 이 케이크
   같이 드실래요?   ⇨

❹ 오늘 밤
   같이 마실래요?   ⇨

❺ 자전거
   같이 타실래요?   ⇨

❻ 제 친구
   같이 만나실래요?   ⇨

❼ 같이 주먹밥
   만드실래요?   ⇨

❽ 일본어 공부
   같이 하실래요?   ⇨

❾ 요리 같이
   배우실래요?   ⇨

❿ 이 책
   같이 읽으실래요?   ⇨

---

❶ 학교에
   같이 가실래요?
   ⇨ いっしょに　がっこうへ　いきませんか。

❷ 영화
   같이 보실래요?
   ⇨ えいが　いっしょに　みませんか。

❸ 이 케이크
   같이 드실래요?
   ⇨ この　ケーキ　いっしょに　たべませんか。

❹ 오늘 밤
   같이 마실래요?
   ⇨ わたしと　いっしょに　のみませんか。

❺ 자전거
   같이 타실래요?
   ⇨ じてんしゃ　いっしょに　のりませんか。

❻ 제 친구
   같이 만나실래요?
   ⇨ わたしの　ともだちに　いっしょに
      あいませんか。

❼ 같이 주먹밥
   만드실래요?
   ⇨ おにぎり　いっしょに　つくりませんか。

❽ 일본어 공부
   같이 하실래요?
   ⇨ にほんごの　べんきょう　いっしょに
      しませんか。

❾ 요리 같이
   배우실래요?
   ⇨ いっしょに　りょうりを　ならいませんか。

❿ 이 책
   같이 읽으실래요?
   ⇨ このほん　いっしょに　よみませんか。

11-3. 찾아서 쓰기

❶ 같이 가요. ⇨

❷ 같이 봐요. ⇨

❸ 같이 먹어요. ⇨

❹ 같이 마셔요. ⇨

❺ 같이 타요. ⇨

❻ 같이 만나요. ⇨

❼ 같이 만들어요. ⇨

❽ 같이 해요. ⇨

❾ 같이 배워요. ⇨

❿ 그렇게 해요. ⇨

❶ 같이 가요. ⇨ いっしょに　いきましょう。

❷ 같이 봐요. ⇨ いっしょに　みましょう。

❸ 같이 먹어요. ⇨ いっしょに　たべましょう。

❹ 같이 마셔요. ⇨ いっしょに　のみましょう。

❺ 같이 타요. ⇨ いっしょに　のりましょう。

❻ 같이 만나요. ⇨ いっしょに　あいましょう。

❼ 같이 만들어요. ⇨ いっしょに　つくりましょう。

❽ 같이 해요. ⇨ いっしょに　しましょう。

❾ 같이 배워요. ⇨ いっしょに　ならいましょう。

❿ 그렇게 해요. ⇨ そうしましょう。

🔍 11-4. 찾아서 쓰기

❶ 일본에
   같이 가실래요? ⇨

❷ 네, 같이 가요. ⇨

❸ 점심 같이 드실래요? ⇨

❹ 네, 같이 먹어요. ⇨

❺ 택시 같이 타실래요? ⇨

❻ 네, 같이 타요. ⇨

❼ 술 같이 드실래요? ⇨

❽ 네, 같이 마셔요. ⇨

❾ 시험공부
   같이 하실래요? ⇨

❿ 네, 같이 해요. ⇨

❶ 일본에 같이 가실래요?	⇨	にほんへ　いっしょに　いきませんか。
❷ 네, 같이 가요.	⇨	はい、いっしょうに　いきましょう。
❸ 점심 같이 드실래요?	⇨	ひるごはん　いっしょに　たべませんか。
❹ 네, 같이 먹어요.	⇨	はい、いっしょうに　たべましょう。
❺ 택시 같이 타실래요?	⇨	タクシー　いっしょに　のりませんか。
❻ 네, 같이 타요.	⇨	はい、いっしょに　のりましょう。
❼ 술 같이 드실래요?	⇨	いっしょに　おさけ　のみませんか。
❽ 네, 같이 마셔요.	⇨	はい、いっしょに　のみましょう。
❾ 시험공부 같이 하실래요?	⇨	テストのべんきょう　いっしょに しませんか。
❿ 네, 같이 해요.	⇨	はい、いっしょに　しましょう。

음식과 과일

음식		과일	
やきにく	야키니쿠	りんご	사과
てんぷら	튀김	あんず	살구
うどん	우동	もも	복숭아
そば	소바	すいか	수박
どんぶり	덮밥	うり	참외
オムレツ	오믈렛	なし	배
ハンバーグ	햄버그	すもも	자두
アイスティー	아이스티	かき	감
ジュース	쥬스	パイナップル	파인애플
なまビール	생맥주	バナナ	바나나
にほんちゃ	녹차	オレンジ	오렌지
にほんしゅ	일본술	メロン	메론

✏️ 한자 쓰기

東京駅	自転車	水泳	運動	試験	旅行
とうきょうえき	じてんしゃ	すいえい	うんどう	しけん	りょこう
도쿄 역	자전거	수영	운동	시험	여행
東京駅	自転車	水泳	運動	試験	旅行

11. 일본어로 쓰기

① 일본에
    같이 가실래요?   ⇨

② 네, 같이 가요.   ⇨

③ 점심 같이 드실래요?   ⇨

④ 네, 같이 먹어요.   ⇨

⑤ 택시 같이 타실래요?   ⇨

⑥ 네, 같이 타요.   ⇨

⑦ 술 같이 드실래요?   ⇨

⑧ 네, 같이 마셔요.   ⇨

⑨ 시험공부
    같이 하실래요?   ⇨

⑩ 네, 같이 해요.   ⇨

Day 12

12

노래를 좋아합니다

단어 학습하기

● うた: 노래	● おにく: 고기
● チキン: 치킨	● やさい: 야채
● さかな: 생선	● ふゆ: 겨울
● がいこくご: 외국어	● ダンス: 춤
● ゲーム: 게임	● サッカー: 축구

note

❶ 노래를 좋아합니다. ⇨

❷ 여행을 좋아합니다. ⇨

❸ 고기를 좋아합니다. ⇨

❹ 치킨을 좋아합니다. ⇨

❺ 당신을 좋아합니다. ⇨

❻ 채소를 싫어합니다. ⇨

❼ 공부를 싫어합니다. ⇨

❽ 운동을 싫어합니다. ⇨

❾ 생선을 싫어합니다. ⇨

❿ 겨울을 싫어합니다. ⇨

❶ 노래를 좋아합니다.　⇨　うたが　すきです。

❷ 여행을 좋아합니다.　⇨　りょこうが　すきです。

❸ 고기를 좋아합니다.　⇨　おにくが　すきです。

❹ 치킨을 좋아합니다.　⇨　チキンが　すきです。

❺ 당신을 좋아합니다.　⇨　あなたが　すきです。

❻ 채소를 싫어합니다.　⇨　やさいが　きらいです。

❼ 공부를 싫어합니다.　⇨　べんきょうが　きらいです。

❽ 운동을 싫어합니다.　⇨　うんどうが　きらいです。

❾ 생선을 싫어합니다.　⇨　さかなが　きらいです。

❿ 겨울을 싫어합니다.　⇨　ふゆが　きらいです。

🔍 12-2. 찾아서 쓰기

---

❶ 외국어를 잘 합니다. ⇨

....

❷ 노래를 잘 합니다. ⇨

....

❸ 춤을 잘 춥니다. ⇨

....

❹ 요리를 잘합니다. ⇨

....

❺ 게임을 잘 합니다. ⇨

....

❻ 축구를 못 합니다. ⇨

....

❼ 공부를 못 합니다. ⇨

....

❽ 영어를 못 합니다. ⇨

....

❾ 일을 못 합니다. ⇨

....

❿ 춤을 못 춥니다. ⇨

💬 12-2. 일본어로 말하기

---

❶ 외국어를 잘 합니다. ⇨ がいこくごが　じょうずです。

❷ 노래를 잘 합니다. ⇨ うたが　じょうずです。

❸ 춤을 잘 춥니다. ⇨ ダンスが　じょうずです。

❹ 요리를 잘합니다. ⇨ りょうりが　じょうずです。

❺ 게임을 잘 합니다. ⇨ ゲームが　じょうずです。

❻ 축구를 못 합니다. ⇨ サッカーが　へたです。

❼ 공부를 못 합니다. ⇨ べんきょうが　へたです。

❽ 영어를 못 합니다. ⇨ えいごが　へたです。

❾ 일을 못 합니다. ⇨ しごとが　へたです。

❿ 춤을 못 춥니다. ⇨ ダンスが　へたです。

🔍 12-3. 찾아서 쓰기

❶ 영화를
좋아하지 않습니다. ⇨

❷ 여행을
좋아하지 않습니다. ⇨

❸ 그 사람을
좋아하지 않습니다. ⇨

❹ 당신을
싫어하지는 않습니다. ⇨

❺ 채소를
싫어하지는 않습니다. ⇨

❻ 술을
싫어하지는 않습니다. ⇨

❼ 일본어를
잘 하지는 못합니다. ⇨

❽ 노래를
잘 부르지는 못합니다. ⇨

❾ 일을 못 하지는
않습니다. ⇨

❿ 춤을 못 추지는
않습니다. ⇨

노래를 좋아합니다 |

---

❶ 영화를
좋아하지 않습니다. ⇨ えいがが　すきではありません。

---

❷ 여행을
좋아하지 않습니다. ⇨ りょこうが　すきではありません。

---

❸ 그 사람을
좋아하지 않습니다. ⇨ かれが　すきではありません。

---

❹ 당신을
싫어하지는 않습니다. ⇨ あなたが　きらいではありません。

---

❺ 채소를
싫어하지는 않습니다. ⇨ やさいが　きらいではありません。

---

❻ 술을
싫어하지는 않습니다. ⇨ おさけが　きらいではありません。

---

❼ 일본어를
잘 하지는 못합니다. ⇨ にほんごが　じょうずではありません。

---

❽ 노래를
잘 부르지는 못합니다. ⇨ うたが　じょうずではありません。

---

❾ 일을 못 하지는
않습니다. ⇨ しごとが　へたではありません。

---

❿ 춤을 못 추지는
않습니다. ⇨ ダンスが　へたではありません。

🔍 12-4. 찾아서 쓰기

❶ 이 공원은
조용합니다.   ⇨

❷ 서울은
번화합니다.   ⇨

❸ 그 사람은
유명합니다.   ⇨

❹ 선생님은
친절합니다.   ⇨

❺ 남자친구는
잘 생겼습니다.   ⇨

❻ 아들은
건강합니다.   ⇨

❼ 화장실은
깨끗합니다.   ⇨

❽ 오빠는
성실합니다.   ⇨

❾ 이 자동차는
튼튼합니다.   ⇨

❿ 저는 괜찮습니다.   ⇨

❶ 이 공원은 조용합니다.	⇨	この　こうえんは　しずかです。
❷ 서울은 번화합니다.	⇨	ソウルは　にぎやかです。
❸ 그 사람은 유명합니다.	⇨	かれは　ゆうめいです。
❹ 선생님은 친절합니다.	⇨	せんせいは　しんせつです。
❺ 남자친구는 잘 생겼습니다.	⇨	かれしは　ハンサムです。
❻ 아들은 건강합니다.	⇨	むすこは　げんきです。
❼ 화장실은 깨끗합니다.	⇨	トイレは　きれいです。
❽ 오빠는 성실합니다.	⇨	あには　まじめです。
❾ 이 자동차는 튼튼합니다.	⇨	この　くるまは　じょうぶです。
❿ 저는 괜찮습니다.	⇨	わたしは　だいじょうぶです。

🔍 12-5. 찾아서 쓰기

❶ 이 공원은
조용하지 않습니다. ⇨

❷ 그 거리는
번화하지 않습니다. ⇨

❸ 저 가수는
유명하지 않습니다. ⇨

❹ 그녀는
친절하지 않습니다. ⇨

❺ 그 사람은
잘생기지 않았습니다. ⇨

❻ 딸은
건강하지 않습니다. ⇨

❼ 방은
깨끗하지 않습니다. ⇨

❽ 점원은
성실하지 않습니다. ⇨

❾ 이 테이블은
튼튼하지 않습니다. ⇨

❿ 저는
괜찮지 않습니다. ⇨

❶ 이 공원은
조용하지 않습니다. ⇨ このこうえんは　しずかではありません。

❷ 그 거리는
번화하지 않습니다. ⇨ その　まちは　にぎやかではありません。

❸ 저 가수는
유명하지 않습니다. ⇨ その　かしゅは　ゆうめいではありません。

❹ 그녀는
친절하지 않습니다. ⇨ かのじょは　しんせつではありません。

❺ 그 사람은
잘생기지 않았습니다. ⇨ かれは　ハンサムではありません。

❻ 딸은
건강하지 않습니다. ⇨ むすめは　げんきではありません。

❼ 방은
깨끗하지 않습니다. ⇨ へやは　きれいではありません。

❽ 점원은
성실하지 않습니다. ⇨ てんいんは　まじめではありません。

❾ 이 테이블은
튼튼하지 않습니다. ⇨ この　テーブルは　じょうぶではありません。

❿ 저는
괜찮지 않습니다. ⇨ わたしは　だいじょうぶではありません。

형용동사

きれいだ	깨끗하다	しずかだ	조용하다
しんせつだ	친절하다	しあわせだ	행복하다
しんぱいだ	걱정하다	いやだ	싫다
だいじょうぶだ	괜찮다	へんだ	이상하다
ふくざつだ	복잡하다	かんたんだ	간단하다
べんりだ	편리하다	ふべんだ	불편하다
ゆうめいだ	유명하다	まじめだ	성실하다
げんきだ	건강하다	だめだ	안 된다
たいへんだ	힘들다	ひまだ	한가하다
すきだ	좋아하다	きらいだ	싫어하다
じょうずだ	잘하다	へただ	못하다
とくいだ	잘하다	にがてだ	잘못하다
すてきだ	멋지다	らくだ	편하다

✏️ 한자 쓰기

歌手	店員	野菜	魚	冬	外国
かしゅ	てんいん	やさい	さかな	ふゆ	がいこく
가수	점원	야채	생선	겨울	외국
歌手	店員	野菜	魚	冬	外国

12. 일본어로 쓰기

① 이 공원은
조용하지 않습니다.	⇨

② 그 거리는
번화하지 않습니다.	⇨

③ 그 가수는
유명하지 않습니다.	⇨

④ 점원은
친절하지 않습니다.	⇨

⑤ 남자친구는
잘생기지 않았습니다.	⇨

⑥ 딸은
건강하지 않습니다.	⇨

⑦ 화장실은
깨끗하지 않습니다.	⇨

⑧ 오빠는
성실하지 않습니다.	⇨

⑨ 이 자동차는
튼튼하지 않습니다.	⇨

⑩ 저는
괜찮지 않습니다.	⇨

13

돈가스는 맛있습니다

단어 학습하기

● とんカツ: 돈가스	● けいたい: 핸드폰
● じかん: 시간	● マンガ: 만화
● うんてん: 운전	● しょうせつ: 소설
● なつ: 여름	● わかれ: 이별
● てんき: 날씨	● とけい: 시계

note

🔍 13-1. 찾아서 쓰기

---

❶ 돈가스는 맛있습니다. ⇨

❷ 날씨가 좋습니다. ⇨

❸ 오늘은 아주 춥습니다. ⇨

❹ 한국 여름은 덥습니다. ⇨

❺ 이 만화는 재밌습니다. ⇨

❻ 다이아몬드는 비쌉니다. ⇨

❼ 운전은 쉽습니다. ⇨

❽ 시간이 빠릅니다. ⇨

❾ 이별은 슬픕니다. ⇨

❿ 배가 아픕니다. ⇨

❶ 돈가스는 맛있습니다. ⇨ トンカツは　おいしいです。

❷ 날씨가 좋습니다. ⇨ てんきが　いいです。

❸ 오늘은 아주 춥습니다. ⇨ きょうは　とても　さむいです。

❹ 한국 여름은 덥습니다. ⇨ かんこくの　なつは　あついです。

❺ 이 만화는 재밌습니다. ⇨ この　まんがは　おもしろいです。

❻ 다이아몬드는 비쌉니다. ⇨ ダイヤモンドは　たかいです。

❼ 운전은 쉽습니다. ⇨ うんてんは　やさしいです。

❽ 시간이 빠릅니다. ⇨ じかんが　はやいです。

❾ 이별은 슬픕니다. ⇨ わかれは　かなしいです。

❿ 배가 아픕니다. ⇨ おなかが　いたいです。

🔍 13-2. 찾아서 쓰기

❶ 낫또는
맛있지 않습니다. ⇨

❷ 오늘은 날씨가
좋지 않습니다. ⇨

❸ 올겨울은
춥지 않습니다. ⇨

❹ 일본보다
덥지 않습니다. ⇨

❺ 그 사람의 소설은
재밌지 않습니다. ⇨

❻ 이 시계는
비싸지 않습니다. ⇨

❼ 운전은
쉽지 않습니다. ⇨

❽ 버스는 그다지
빠르지 않습니다 ⇨

❾ 이별은
슬프지 않습니다. ⇨

❿ 이 빵은
부드럽지 않습니다. ⇨

❶ 낫또는
맛있지 않습니다.

⇨ なっとうは　おいしく　ないです。

❷ 오늘은 날씨가
좋지 않습니다.

⇨ きょうは　てんきが　よくないです。

❸ 올겨울은
춥지 않습니다.

⇨ ことしの　ふゆは　さむく　ないです。

❹ 일본보다
덥지 않습니다.

⇨ にほんより　あつく　ないです。

❺ 그 사람의 소설은
재밌지 않습니다.

⇨ かれの　しょうせつは　おもしろくないです。

❻ 이 시계는
비싸지 않습니다.

⇨ この　とけいは　たかくないです。

❼ 운전은
쉽지 않습니다.

⇨ うんてんは　やさしくないです。

❽ 버스는 그다지
빠르지 않습니다

⇨ バスは　あまり　はやくないです。

❾ 이별은
슬프지 않습니다.

⇨ わかれは　かなしくないです。

❿ 이 빵은
부드럽지 않습니다.

⇨ この　パンは　やわらかくないです。

🔍 13-3. 찾아서 쓰기

---

❶ 타코야키는
   맛있었습니다.　⇨

❷ 어제 날씨는
   좋았습니다.　⇨

❸ 올겨울은
   추웠습니다.　⇨

❹ 일본보다
   더웠습니다.　⇨

❺ 그 영화는
   재밌었습니다.　⇨

❻ 그 가게는
   비쌌습니다.　⇨

❼ 시험은
   쉬웠습니다　⇨

❽ 자전거가 버스보다
   빨랐습니다.　⇨

❾ 그 드라마는
   슬펐습니다.　⇨

❿ 머리가
   아팠습니다.　⇨

13-3. 일본어로 말하기

---

❶ 타코야키는
맛있었습니다.
⇨ たこやきは　おいしかったです。

❷ 어제 날씨는
좋았습니다.
⇨ きのうの　てんきは　よかったです。

❸ 올겨울은
추웠습니다.
⇨ ことしの　ふゆは　さむかったです。

❹ 일본보다
더웠습니다.
⇨ にほんより　あつかったです。

❺ 그 영화는
재밌었습니다.
⇨ その　えいがは　おもしろかったです。

❻ 그 가게는
비쌌습니다.
⇨ あの　みせは　たかかったです。

❼ 시험은
쉬웠습니다
⇨ しけんは　やさしかったです。

❽ 자전거가 버스보다
빨랐습니다.
⇨ じてんしゃが　バスより　はやかったです。

❾ 그 드라마는
슬펐습니다.
⇨ あの　ドラマは　かなしかったです。

❿ 머리가
아팠습니다.
⇨ あたまが　いたかったです。

🔍 13-4. 찾아서 쓰기

❶ 맛있는 요리를
  먹고 싶습니다. ⇨

❷ 그 사람은
  좋은 사람입니다. ⇨

❸ 추운 겨울은
  싫습니다. ⇨

❹ 더운 여름에는
  바다에 갑니다. ⇨

❺ 가장 재밌는
  영화입니다. ⇨

❻ 비싼 옷은
  사지 않습니다. ⇨

❼ 쉬운 일본어를
  배웁니다. ⇨

❽ 매운 음식을
  좋아합니다. ⇨

❾ 슬픈 영화는
  보지 않습니다. ⇨

❿ 부드러운 식빵을
  좋아합니다. ⇨

❶ 맛있는 요리를
먹고 싶습니다. ⇨ おいしい　りょうりが　たべたいです。

❷ 그 사람은
좋은 사람입니다. ⇨ かれは　いい　ひとです。

❸ 추운 겨울은
싫습니다. ⇨ さむい　ふゆは　きらいです。

❹ 더운 여름에는
바다에 갑니다. ⇨ あつい　なつには　うみへ　いきます。

❺ 가장 재밌는
영화입니다. ⇨ いちばん　おもしろい　えいがです。

❻ 비싼 옷은
사지 않습니다. ⇨ たかい　ふくは　かいません。

❼ 쉬운 일본어를
배웁니다. ⇨ やさしい　にほんごを　ならいます。

❽ 매운 음식을
좋아합니다. ⇨ からい　たべものが　すきです。

❾ 슬픈 영화는
보지 않습니다. ⇨ かなしい　えいがは　みません。

❿ 부드러운 식빵을
좋아합니다. ⇨ やわらかい　しょくぱんが　すきです。

형용사

おおきい	크다	ちいさい	작다
おおい	많다	すくない	적다
たかい	높다	やすい	낮다
たかい	비싸다	やすい	싸다
ながい	길다	みずかい	작다
ちかい	가깝다	とおい	멀다
おもい	무겁다	かるい	가볍다
つよい	세다	よわい	약하다
いい	좋다	わるい	나쁘다
むずかしい	어렵다	やさしい	쉽다
あたらしい	새롭다	ふるい	오래되다
うれしい	기쁘다	かなしい	슬프다
おおしい	맛있다	まずい	맛없다
おもしろい	재미있다	いたい	아프다
うるさい	시끄럽다	たのしい	즐겁다
ない	없다	いぞがしい	바쁘다

✏️ 한자 쓰기

時間	天気	夏	携帯	お別れ	住所
じかん	てんき	なつ	けいたい	おわかれ	じゅうしょ
시간	날씨	여름	휴대폰	이별	주소
時間	天気	夏	携帯	お別れ	住所

13. 일본어로 쓰기

❶ 날씨가 좋습니다.　⇨

❷ 돈가스는 맛있습니다.　⇨

❸ 추운 겨울은 싫습니다.　⇨

❹ 이 영화는 재미있습니다.　⇨

❺ 머리가 아팠습니다.　⇨

❻ 일본보다 더웠습니다.　⇨

❼ 쉬운 일본어를
　 배웁니다.　⇨

❽ 매운 음식을
　 좋아합니다.　⇨

❾ 슬픈 영화는
　 보지 않습니다.　⇨

❿ 부드러운 식빵을
　 좋아합니다.　⇨

13일 완성 입문 일본어 회화

초판 1쇄 발행일 2020년 4월 30일

지은이 김화영·김종완
녹음 우미노 하루미(海野はるみ)
펴낸이 박영희
편집 박은지
디자인 최소영
마케팅 김유미
인쇄·제본 제삼 인쇄
펴낸곳 도서출판 어문학사
　　　서울특별시 도봉구 해등로 357 나너울카운티 1층
　　　대표전화: 02-998-0094/편집부1: 02-998-2267, 편집부2: 02-998-2269
　　　홈페이지: www.amhbook.com
　　　트위터: @with_amhbook
　　　페이스북: www.facebook.com/amhbook
　　　블로그: 네이버 http://blog.naver.com/amhbook
　　　　　　다음 http://blog.daum.net/amhbook
　　　e-mail: am@amhbook.com
　　　등록: 2004년 7월 26일 제2009-2호

ISBN 978-89-6184-949-4 (13730)
정가 11,000원

이 도서의 국립중앙도서관 출판예정도서목록(CIP)은 서지정보유통지원시스템 홈페이지
(http://seoji.nl.go.kr)와 국가자료종합목록 구축시스템(http://kolis-net.nl.go.kr)에서
이용하실 수 있습니다. (CIP제어번호 : CIP2020013558)

※잘못 만들어진 책은 교환해 드립니다.